Nikos Kazantzakis

Im Zauber der griechischen Landschaft

Wilhelm Heyne Verlag
München

Umschlaggestaltung und Innenausstattung:
Christian Diener, München
Genehmigte, ungekürzte Taschenbuchausgabe

Printed in Germany 1977
Gesamtherstellung: Friedrich Pustet, Regensburg

Inhalt

liebende Frau. Auf der einen Seite der Taygetos, der Sinai-Berg Griechenlands, auf dem der unbarmherzige Gott die härtesten Gebote diktierte: »Das Leben ist Krieg, die Erde ein Heerlager, zu siegen ist die einzige Pflicht. Schlafe nicht, schmücke dich nicht, lache nicht, rede nicht, eines nur ist dein Ziel, der Krieg: kämpfe!« Auf der anderen Seite, zu Füßen des Taygetos, Helena. In dem Augenblick, da du aufbegehrst und die Lieblichkeit der Erde verachten willst, verwirrt plötzlich Helenas einem blühenden Zitronenbaum gleichender Atem deine Gedanken.

Ist es allein diese Ebene Spartas, die so zärtlich und wollüstig ist, duften die Oleander so berauschend, oder entstammt dieser ganze Zauber dem vielgeliebten und vielgeplagten Leib Helenas? Sicherlich würde der Eurotas nicht seine heutige bezaubernde Grazie besitzen, wäre er nicht zugleich Nebenfluß des unsterblichen Mythos Helena. Denn wir wissen es wohl: Landschaften, Meere, Flüsse vereinen sich mit geliebten großen Wesen und durchströmen gemeinsam unser Herz. Du wandelst an den anspruchslosen Ufern des Eurotas, und du fühlst, wie Hände, Haar und Gedanken sich in den Duft einer imaginären Frau verstricken, die dennoch wirklicher und viel greifbarer ist als die Frau, die du liebst und berührst. Die Erde ertrinkt heute im Blut, Leidenschaften wüten in der Hölle der zeitgenössischen Anarchie, doch Helena steht unsterblich, unberührt von der Zeit in der Luft der herrlichen Verse, unentrückbar, unverrückbar.

Die Erde duftete, an den Zitronenblüten hingen Tautropfen und spielten mit dem Sonnenlicht. Plötzlich wehte eine leichte Brise, eine Blüte berührte meine Stirn und besprengte mich. Ich erschauerte, als habe mich eine unsichtbare Hand berührt, und die ganze Erde erschien mir wie Helena, lachend und weinend, strahlend jung. Sie hob den mit Zitronenblüten bestickten Schleier, und mit der Hand vor dem Mund, als eine immer wieder sich erneuernde Jungfrau, folgte sie einem Mann, dem Stärkeren, und wie sie den schneeweißen Fuß mit der schlanken Fessel hob, glänzte blutig ihre weiche Fußsohle. Aber was wäre diese Helena, wenn nicht über sie der Atem Homers hinweggehaucht wäre? Eine schöne Frau wie unzählige andere, die über diese Erde gegangen und vergangen sind. Man hätte sie geraubt, wie man heute oft noch die schönen Mädchen unserer Bergdörfer raubt. Auch wenn dieser Raub einen Krieg entfesselt hätte, wäre alles, Krieg und Frau und Schlachtgemetzel, vergessen, hätte nicht der Dichter seine Hand nach ihr ausgestreckt. Dem Dichter verdankt Helena ihre Rettung. Auch diese kleine Schlucht des Eurotas verdankt ihre Unsterblichkeit Homer. Helenas Lächeln leuchtet in der Atmosphäre Spartas. Und noch eines: Helena ist in unser Blut gedrungen, alle Männer haben sie aufgenommen; alle Frauen spiegeln ihren Glanz wider. Helena wurde der Ruf der Liebe, er erweckt in jedem Manne die Sehnsucht nach Kuß und Umarmung, verwandelt in eine Helena auch die unbedeutendste Frau, die wir umarmen. Die Begierde wird dank dieser Königin von Sparta geadelt, und die mystische Sehnsucht nach einer verlorenen Umarmung besänftigt in uns das Tier. Wir weinen, wir rufen, und Helena schenkt uns den Zaubertrank, der uns den Schmerz vergessen läßt. Ihre Hand hält die Blume, deren Duft die Schlangen fernhält, und wenn sie häßliche Kinder berührt, werden sie schön. Sie besteigt den Bock der Thymele, sie bewegt ihren Fuß mit der gelösten Sandale und die ganze Welt verwandelt sich in einen Weinberg. Der alte Dichter Stesichoros hat eines Tages ein böses Wort über sie in einem Gedicht gesagt, und sofort verlor er sein Augenlicht; zitternd griff er dann in tiefer Reue nach seiner Leier, stellte sich vor die Menge bei einem griechischen Volksfest und sang die berühmte Palinodie:

»Mein Wort über dich ist nicht wahr, Helena,
weder stiegst du in die schnellfahrenden Schiffe
noch gelangtest du jemals auf Trojas Burg.«

Weinend hob er die Hand; und plötzlich, in Tränen getaucht, glitt das Licht wieder in seine Augen.

Unsere Vorfahren feierten Schönheitswettbewerbe, die »Helenien«. Wahrlich, die ganze Welt ist ein Kampfplatz, und Helena ist der unerreichbare Preis, vielleicht nur jenseits des Lebens denkbar oder überhaupt nur Phantom. Eine geheime Überlieferung vertraute den Eingeweihten an, daß die Achäer in Troja nicht um die wirkliche Helena kämpften; nur ihr Idol war in Troja. Die wirkliche Helena hatte in Ägypten, in einem Göttertempel, unberührt von jedem menschlichen Atem, Zuflucht gefunden. Wer weiß, vielleicht kämpfen auch wir und weinen und bringen uns gegenseitig um, nur dieses Idols wegen. Doch wiederum, wer weiß, ob die Schatten der Unterwelt nicht lebendig werden, wenn sie Blut der Lebenden getrunken haben. So viel Blut hat seit Tausenden von Jahren dieser Schatten Helenas getrunken. Wird er nicht einmal lebendig werden? Wird sich denn niemals das Idol mit seinem Körper vereinigen, damit wir einen wirklichen warmen Körper umarmen können, eine wirkliche Helena? Der Taygetos, Helena. Der wilde Krieger und seine Frau. Versunken inmitten der Lorbeerbäume des Eurotas, betäubt vom Duft und dem Atem Helenas hatte ich alles andere vergessen und schämte mich. Und eines Morgens brach ich auf und betrat den Taygetos, um männlichere Luft zu atmen.

Die Freude am Berg, der Duft der Pinien, die glühenden Steine, die Habichte, die über meinem Kopf sich wiegten, und die unerreichbare Einsamkeit stärkten mein Herz; ich stieg viele Stunden und war glücklich. Gegen Mittag ballten sich schwarze Wolken zusammen, ich hörte fern den Donner; ich begann hinabzusteigen, sprang von Stein zu Stein, spürte hinter mir das Gewitter näher kommen, ich lief, um ihm zu entgehen; doch plötzlich erbebten die Pinien, die Welt verdunkelte sich, Blitze umringten mich. Der Wirbelwind hatte mich erreicht. Ich warf mich zu Boden auf den Rücken, damit ich nicht hinabgerissen werde, schloß die Augen und wartete. Der ganze Berg bebte, zwei Pinien neben mir stürzten krachend zu Boden. Ich roch Schwefel in der Luft, und auf einmal brach der Himmel auf – der Wind legte sich –, und wie aus dicken Wasserschläuchen ergoß es sich über mich. Thymian, Bergminze, Salbei und Dost, gepeitscht vom Regen, verströmten ihren Duft, und der Berg dampfte. Ich stand auf und schritt bergab und genoß auf Gesicht, Händen und Haar das peitschende Naß. Gott stürzte sich mit ganzer Kraft auf seine Frau, die Erde; sie erbebte und stöhnte vor Wonne und empfing in ihren Ritzen die männlichen Wasser. Bald klärte sich der Himmel auf, es war ein jähes Niederfahren gewesen. Schon war es zu Ende, der Kuckuck begann zu rufen, die Sonne versank in diesem Augenblick. Unter mir erkannte ich in der Ferne, blankgeputzt auf dem Gipfel des Hügels über Mistra, die verfallene Frankenburg des Villehardouin. Der Himmel hatte sich golden und grün gefärbt.

Mistra

Am nächsten Tag ging ich als Pilger durch Zypressen und Gärten zum Pompeji Griechenlands, nach Mistra. Von diesem heiligen Hügel, auf dem das neue Griechenland geboren wurde, strahlen alle Offenbarungen und heimlichen Zauber, die auch die wenigst ansprechbare Seele verlocken können.

Zitronen-, Orangenbäume, enge, gewundene Gassen; spielende, halbnackte Kinder, Frauen, die Wasser vom Brunnen holen, junge Mädchen, die unter blühenden Bäumen sitzen und sticken. Das Leben hat sich wieder an diese Erde geklammert, ringt und müht sich von neuem, diesen urväterlichen Hügel zu erklimmen. Es ist der erste, grüne, bewohnte Gürtel von Mistra. Gelangt man höher, beginnt der staubige, kahle, steile Weg, die Gassen zweigen sich ab und man trifft auf die Ruinen der ärmlichen Häuser des einfachen Volkes. Keine Türen, keine Dächer, die Wände mit Unkraut bedeckt. Und nur noch aufrecht, wie anmutige, edle byzantinische Fürstinnen, stehen zwischen den Ruinen zerstreut die sonnengebräunten byzantinischen Kirchen: die Peribleptos, die Kirche der Verkündigung, die Metropolis, die Hl. Theodoroi, die Aphendiko, die Pantanassa: Dies ist der zweite, mit Kirchen geschmückte Gürtel von Mistra.

Höher noch auf dem Hügel beginnt die aristokratische Stadt mit dem herrschaftlichen Palast der Kantakuzenen und der Palaiologen, mit der vornehmen Kirche der Hagia Sophia, mit den leeren herrschaftlichen Häusern: steinerne Balkone, verfallene Türme, große Säle mit gewölbtem Dach, Schießscharten. Niemand wohnt heute hier. Nur einige Eidechsen sonnen sich auf den Schwellen, grün, hübsch, mit langen schleppenartigen Schwänzen, wie Edeldamen. Und auf dem Gipfel der Anhöhe steht wie eine steinerne Krone halbverfallen das berühmte Castell des Franken Villehardouin. Man tritt erregt von soviel Schönheit und Einsamkeit in den Hof der Metropolis ein. Ein alter Sarkophag in der Mitte des Hofes glänzt in der Sonne, mit den fröhlichen heidnischen Eroten und den marmornen Trauben. Man fragt sich, was diese arglistigen antiken Geister in diesem christlichen Hof suchen. Man könnte meinen,

Dionysos sei in den Vorhof der Kirche eingedrungen und belausche die traurigen, ihm so bekannten Schreie des Gottes, den die Menschen töten.

Eine freudige, geschwätzige Küsterin schließt die Tür auf, öffnet die Fenster der Kirche, etwas Licht dringt hindurch. Schwach unterscheiden wir die herrlichen Fresken des Jüngsten Gerichts und das Martyrium des heiligen Demetrios. Von der Zeit verblaßt schimmern trüb die Farben, schwach zu sehen ist auch das große Fresko, »Die Vorbereitung des Thrones«, mit den Engeln, die in heiligem Schauder herbeieilen, um den Thron vorzubereiten, der in der Mitte des Freskos leer, furchterregend auf den Pantokrator wartet. Die Küsterin bleibt stolz in der Mitte der Kirche stehen und zeigt auf den doppelköpfigen Adler, der eine Steinplatte auf dem Fußboden schmückt. »Hier auf dieser Platte stand Konstantinos Palaiologos, als er zum Kaiser von Byzanz gekrönt wurde«, sagt sie.

Das Kloster Brontochion war das berühmteste und reichste Kloster von Mistra, ein Mittelpunkt geistigen Lebens, mit einer großen Bibliothek. Seine Kirche Aphendiko war ein architektonisches Wunder. Dort wurden die Herrscher der Peloponnes, die Despoten, beerdigt. Noch sind auf den Wänden einige Pinselstriche von den goldgewirkten Gewändern und den Gestalten der alten Könige zu sehen. Einige Köpfe von Heiligen strotzen von Leben, Bewegung und Stolz wie homerische Helden.

Es dürstete mich; ich trat in das Frauenkloster der Pantanassa ein, um die Nonnen um ein Glas Wasser zu bitten. Der Hof, die gekalkten Zellen strahlten vor Sauberkeit, die Sofas waren mit bestickten Decken überzogen. Die Nonnen eilten herbei, um mich willkommen zu heißen. Manche konnten kaum laufen vor Rheumatismus, andere, jüngere, waren sehr blaß, denn sie arbeiteten viel, um den Lebensunterhalt zu verdienen, wachten und beteten und konnten sich nicht satt essen. In ihrer freien Zeit bückten sie sich über ihre Handarbeit und stickten althergebrachte Muster – kleine Zypressen, Kreuze, Blumentöpfe mit Nelken, auch kleine Rosen mit roter Seide, Klöster. Trauer erfüllte mich, als sie diese Handarbeiten stolz ausbreiteten, als wiesen sie ihre Aussteuer vor. Sie lächeln, bleiben stumm, aber man weiß, daß es für sie keinen Bräutigam gibt.

Im honiggrünen Licht derAbenddämmerung leuchtete die Pantanassa wie ein perlmutternes byzantinisches Gefäß, das mit Liebe und Geduld hergestellt wurde, um den duftreichen Atem der Gottesmutter aufzunehmen. Welche Einheit, Sammlung und Anmut strahlt aus dem Grundstein bis zur lieblichen Rundung der Kuppel! Diese anmutige Kirche lebt und atmet ruhig wie ein warmer, lebendiger Körper. Alle Steine, alle Eingravierungen, die Fresken und Nonnen sind wie ein organisches Wesen, als seien sie alle zusammen durch dieselbe schöpferische Gebärde eines Mittags geboren worden.

Ich hatte eine solche Lieblichkeit, ein so warmes menschliches Verständnis in den byzantinischen Fresken nicht erwartet. Bis dahin war ich nur streng asketischen Gestalten begegnet, die eine rotbeschriftete Pergamentrolle hielten und uns aufzurufen schienen, die Natur zu hassen, in die Wüste zu fliehen, zu sterben, um erlöst zu werden. Und nun hier diese Farben, diese Gestalten voller Lieblichkeit, Christus, in Jerusalem auf einem gewöhnlichen Esel einreitend, gütig, lächelnd, und hinter ihm die Jünger mit Palmzweigen und das Volk, das ihn mit verzückten Blicken anschaut wie eine Wolke, die vorbeizieht und sich auflöst.

Und der kupfergrüne Engel, den ich in der Aphendiko-Kirche gesehen habe, ein starker, junger Mann mit krausem, durch ein breites Band hochgebundenem Haar, mit dem stürmischen Schritt und dem festen, runden Knie! Als sei er ein Bräutigam unterwegs ... Ja, wohin wohl mit soviel Freude und in so großer Eile?

Die Glocke begann in diesem Augenblick leise, lieblich für die Nachtwache zur Totenklage Christi zu läuten. Ich trat unter die warme Kuppel der Kirche; in der Mitte stand das mit Zitronenblüten geschmückte Grab Christi, und auf Zitronenblüten lag der unaufhörlich Sterbende, unaufhörlich Auferstehende; einst nannte man ihn Adonis, jetzt Christus. Um ihn knieten blasse, schwarzgekleidete Frauen; sie beugten sich über ihn, sie beweinten ihn. Die ganze Kirche roch nach Wachs wie ein Bienenstock; und ich dachte an die anderen Priesterinnen, die Melissen (*Bienen*), im Tempel der Artemis von Ephesos; ich dachte an den Tempel des Apollon in Delphi, erbaut aus Wachs und Federn ...

Plötzlich hob die Totenklage der Frauen und das unerträglich tief aufwühlende Klagelied an. Ich wußte, daß der Schmerz des Menschen Gott auferstehen lassen würde; dennoch, hier, im Reich Helenas, war mein Herz keineswegs zum Klagen bereit; ich stand auf, es war noch hell, und begann den Anstieg, der von verfallenen Herrenhäusern und eingestürzten Burgen gesäumt ist, dessen Steinkrone auf dem Gipfel des Hügels das berühmte Castell des Villehardouin bildet. Das Castelltor stand offen, die Höfe lagen vereinsamt, ich stieg die baufälligen Treppen hinauf, gelangte zu den Schießscharten, Rabenschwärme flogen erschreckt davon. Ich setzte mich auf einen Stein und schaute von oben auf die spitzen gotischen Fenster, auf die seltsamen, mit Löwen, Lilien und Kreuzen geschmückten Wappen, die an den Wänden befestigt waren. Ich blickte hinab auf die fruchtbare Ebene und sah aus den niedrigen Häuschen Rauch aufsteigen; ich hörte ein Karrenrad knarren und ein Lied voller Leidenschaft; die Luft ringsum schien aufzuseufzen, erfüllte sich mit Gespenstern: Auferstanden waren auf einmal all die blonden, fränkischen, vornehmen Mädchen und auch die eisengepanzerten Ritter, die hierher, zur Peloponnes, als Eroberer gekommen waren, die Griechinnen heirateten, mit griechischem Blut geimpft wurden, ihre Heimat vergaßen. Sie – die Eroberer – wurden, dank unseren braunhäutigen Frauen mit dem rabenschwarzen Haar und den großen Augen, schließlich erobert.

Mehrere Berggipfel in der Peloponnes setzten sich die fränkische Krone auf – Chlemutsi, Karytäna, Nikli, Jeraki, Methoni, Koroni, Monemvasia, Mistra . . . Wie Wachen stehen sie noch aufrecht und spähen durch die leere Luft. Die vielgestaltige, von Blut getränkte Geschichte Griechenlands lockt aus dem Innern dieser Burgen einen neuen Schrei. Und der Pilger, der eine solche fränkisch gekrönte griechische Landschaft erblickt, gerät in Erregung, weil er sich erinnert: Vor mehr als sieben Jahrhunderten sahen, betraten diesen uralten Boden die Franken. Sie trugen eisengepanzerte Rüstungen, hielten bemalte Schilde und riesige Speere in der Hand. Entsetzen überfiel die Einheimischen, als sie diese furchtbaren Ungeheuer dem Meer entsteigen sahen. Treffend drückt ihren Schrecken der Vers eines alten Liedes aus:

»Jedesmal, wenn die fränkischen Rosse wieherten, wurden die griechischen Stuten trächtig.«

Monemvasia

Um Mitternacht kamen wir in Monemvasia an; die Wellen plätscherten vor unseren Füßen, und ein dunkles, schweres Massiv schien ohne ein Licht stumm auf dem Meere zu sitzen. Ein Pfarrer, der mit mir im wackligen Auto saß, bekreuzigte sich. »Die Hagia Sophia«, sagte er und zeigte auf den Fels hinauf. »Auf dem höchsten Punkt Monemvasias steht die Kirche der Hagia Sophia, groß sei ihre Gnade.«

»Und Wilhelm Villehardouin?« fragte ich. »Wilhelm Villehardouin, der schöne, mächtige Fürst, der Monemvasia einnahm und die Hagia Sophia zur römischen Kirche machte – was ist aus ihm geworden, Ehrwürden?«

»Wir müssen sehen, wo wir schlafen können«, antwortete der Pfarrer. »Laß uns Frau Kólliäna rufen.«

Wir hatten angehalten vor einer Herberge.

»Frau Kólliäna!« rief der Pfarrer mit sehr süßer byzantinischer Stimme und hob die Arme hoch, als betete er das Ave Maria. »Frau Kólliäna!«

Wir warteten. Die Sterne über uns glänzten, das Meer duftete, zwei Nachtvögel riefen sich gegenseitig aus fernen Baumhöhlen mit solcher Zärtlichkeit und solchem Schmerz, daß einem das Herz zerschmolz. Keine Nachtigall, kein Mensch hat je einem einfachen, einsilbigen Ruf soviel Leidenschaft verliehen.

Vielleicht konzentrieren die Nachtvögel – weil sie nicht singen und nicht sprechen können – den ganzen Kern ihres Verlangens ohne das geringste Überflüssige nur in einer Silbe. Von dieser Silbe hängt das Leben der Gattung ab, daher bekam sie einen so leidenschaftlichen, unwiderstehlichen Gehalt.

»Frau Kólliäna!« rief wieder mit dem Pathos eines Nachtvogels der Pfarrer. »Frau Kólliäna!«

Ein Fenster ging auf, eine weiße Mütze schaute hervor und darunter ein volles, gutmütiges, rundes Gesicht wie die Karikatur des Vollmondes. Die Straße wurde erleuchtet, denn gleichzeitig wurde ein mächtig dicker Arm mit einem Kerzenleuchter herausgestreckt.

»Sofort!« sagte eine gastliche und schläfrige Stimme.

Mistra. Pantanassa-Kirche (N. Kontos)

Mistra (N. Kontos)

»Sofort!«

Die Stufen knarrten, das Haus wackelte, die Türen flogen auf, und auf der Schwelle erschien groß, üppig, im Nachthemd Frau Kólliäna mit dem Kerzenleuchter in der Hand; hinter ihr wurden Fässer, hängende trockene Fische und Zöpfe von Zwiebeln beleuchtet. Der Pfarrer hatte Hunger, griff in seinen Futtersack, seine Zähne waren spärlich, mein Blick erfaßte ihn, während ich die Treppe hinaufsprang, wie er die Bissen im Munde herumdrehte und schnell hinunterschlang wie eine Möwe.

»Gute Besserung, Ehrwürden!« rief ich ihm zu. »Du hast mir jedoch nicht gesagt, was aus dem lieben Wilhelm Villehardouin geworden ist.«

»Gute Nacht«, antwortete der Pfarrer mit vollem Mund. »Schlafen Sie gut, ohne Versuchungen.«

Ich schlief ein. Saubere Bettwäsche, ein Basilikumtopf im offenen Fenster, das Meer unten leckte liebevoll den Saum des Strandes, das Blut gewann den ewigen Rhythmus des Meeres und der Luft, und als ich morgens aufwachte, gab mir die körperliche Erholung unsagbares Glücksgefühl. Ich hatte gestern abend gewünscht, vom berühmten Hof Villehardouins in Andravida oder später von der Burg von Mistra, die ihm so sehr gefiel, in der Nacht zu träumen. Er liebte den Krieg, die Turniere, die Frauen, er unterhielt Troubadours in seinem Hof, und achtzig Ritter mit goldenen Sporen folgten ihm ständig. Er war stolz, seine Freunde aus der fernen Heimat, der Champagne, zu empfangen und sie mit Geschenken, Pferden, Samtmänteln, schönen Frauen zu überhäufen. Er war in Kalamata geboren, seine Muttersprache war Griechisch, und er vereinte in sich die Verständigkeit und die Schläue des Byzantiners mit der Lebensfreude und dem Wagemut des Franken. Ich wußte, was auf dem Papier über sein Leben und seine Kriege steht. Doch alles war ungeordnet wie lose Mosaiksteinchen in mir; nur der Traum hätte es aufwirbeln und lebendig machen und auch die Erkenntnis auf die hohe Stufe der Vision bringen können. Aber die Nacht war ruhig und ohne Versuchungen vergangen, der Traum war nicht gekommen.

Es tagte gerade, als ich das einzige Eingangstor passierte, das den jähen Felsen Monemvasias mit dem Festland verbindet. Ich schritt voran, die Blicke auf den stolzen Felsen gerichtet, an dem ich mich nicht satt sehen konnte. Bis jetzt glaubte ich, daß das Castell von Karytäna das höchste sei, was ich in der Peloponnes hätte erblicken können. Doch wieviel strenger, imposanter und einsamer ist dieser Granit, dieses Gibraltar Griechenlands. In der Nacht war er mir vorgekommen wie ein schreckliches wildes Tier auf der Lauer; heute im Licht des Morgens glänzte er wie ein riesiger Amboß auf dem Wasser.

Die Bewohner dieses Felsens waren immer stolz. Die Luft, das Meer, die Einsamkeit, die Armut hämmerten Tag und Nacht ihre Seele. Sie hatten keine Gärten, um umherzuwandeln und zu sagen: »Süß ist das Leben, verstecken wir uns hier drinnen.« Sie hatten keine Erde zum Bebauen, daß sie sie liebgewinnen und sagen: »Fruchtbar ist diese Erde, laßt uns gehorchen, es nicht mit den Tyrannen verderben, damit wir sie nicht verlieren.« Sie hatten nichts, nur das Meer als erbarmungslosen Freund. So stürzten sie sich darauf, wurden Fischer, Händler, Piraten. Das Byzantinische Kaiserreich hatte Angst vor ihnen und räumte ihnen Privilegien ein. Sie lebten unabhängig mit ihren eigenen Stadtvätern, die Familien Mamonás, Dämonojánnis, Sophianós.

Als die Franken kamen und fast ganz Griechenland besetzten, blieben sie vor Monemvasia stehen und ihre Pferde weigerten sich, weiterzugehen. Doch Wilhelm Villehardouin wurde trotzig. »Ich habe nichts«, rief er, »ich besitze nichts, wenn ich Monemvasia nicht habe.« Er rief den großen Herrn Athens, die drei Barone Euböas, den Herzog von Naxos, den Grafen von Kephallonia und sogar die Venetianer zu Hilfe. Er umringte den steilen Felsen vom Festland und vom Meer, schleuderte Steine mit den Maschinen darauf, griff ihn immer wieder an. Er drohte, bat, kein Ergebnis. Über drei Jahre hielten die Griechen stand. Aber sie hatten nichts mehr zu essen.

»Wir übergeben das Castell«, sagten dann die verzweifelten Monemvasier, »aber unter der Bedingung, frei zu bleiben, keine Steuer für uns und unseren Besitz zahlen und keine Frondienste leisten zu müssen. Nur in unseren Schiffen zu arbeiten und für Lohn.«

Villehardouin nahm die Bedingungen an. Und dann schritten wortlos die drei Stadtväter Monemvasias den einzigen Eingang hindurch, gelangten in das Heerlager der Franken und übergaben ihm die großen eisernen Schlüssel des Castells. Der Prinz, verständig wie er war, begrüßte sie alle persönlich. Doch er hatte nur wenige Jahre Freude daran.

Endlos ist das Glücksgefühl, das dem Herzen des Menschen vom Rauschgift der Geschichte geschenkt wird, wenn dieses Herz zufällig unbewacht und weich ist. Man läßt sich die Geschichte der Menschen durch den Kopf gehen und wird berauscht, als hörte man ein Märchen voller Blutvergießen, Liebe und Todesklagen. Aber als ich durch das überdachte Tor der Stadt schritt, sprangen drei Kinder an der Ecke hervor und führten mich auf den rechten Weg – Alexándra, Phóto und Manólas. Als wären wir alte Freunde und als hätten sie – da sie heute schulfrei hatten – am Castelltor auf mich gewartet, um mit mir zu spielen. Manólas hatte zwei Feigen und gab mir die eine, und wir teilten uns auch den Granatapfel, den Alexándra in der Hand hielt. Die drei Kinder liefen voran, essend und sprechend, und ich blieb einen Augenblick lang, um die enge aufsteigende Steingasse zu bewundern, die sich vor mir öffnete. Alte, niedrige Häuschen, Schusterwerkstätten, Gemüseläden, ein Friseurladen . . . Zwei, drei alte Männer saßen auf den Schwellen, ein Eselchen ging vorbei, mit Reisig beladen. Die kleinen Höfe frischgewaschen, gekalkt, Sauberkeit und der Geruch von brennendem Holz, auf den Fensterbrettern Stagetis, Basilikum, Majoran. Ein Mädchen erschien in einem hohen Fenster, schlank, blaß, blickte auf das Meer und ging wieder hinein. Ein Kanarienvogel im Käfig neben einer Rebenlaube, dicht neben einer riesigen Traube, begann zu singen.

»Wo ist die Kirche des ›zum Kreuz gezerrten Heilands‹?«fragte ich meine drei kleinen Führer. »Gehen wir, gehen wir hin!« riefen sie tänzelnd und liefen voran.

Wir kamen auf einen kleinen Platz. Rechts steht eine alte Moschee, jetzt Café, links die Kirche des »Gezerrten«. Phóto lief und holte von der Küsterin die Schlüssel, wir traten ein. Christus mit purpurrotem Gewand und gefesselten Händen . . . Eine herrliche Kreuzigung, eine Gottesmutter mit traurigen Augen. Aber von allen Ikonen gefiel mir die Geburt Christi am meisten. Die Gottesmutter betet ihr Kind kniend an, ringsherum Felsen, Hirten kommen herab, bekränzt mit Blumen und Blättern und blasen in das Horn. Abseits lehnt sich Josef nachdenklich an, und ein Hirt schaut auf ihn, auf seinen Stab gestützt. Daneben prangt buschig ein Baum, mit goldenen Pinselstrichen gemalt, und auf dem Wipfel ein großer Vogel mit rotem Kopf.

»Gehen wir, gehen wir jetzt zum Heiligen Nikolaus«, riefen die Führer. »Dort gibt es Schulbänke.«

Wir stiegen weiter hinauf. Große Armut, Mädchen klöppeln, alte Frauen spinnen, die Häuser sehr sauber und leer: ein Wasserkrug, ein Handtuch an der Wand beim Trog. Manchmal zwischen den Steinen ein Feigenbaum. Blasse Kinder spielen Scheibenwerfen. Plötzlich blieb ich freudig stehen: Auf einer steinernen Brüstung stand ein großer Blumentopf, die untere Hälfte eines zerbrochenen großen gestreiften Tonkruges. Jeden Streifen hatte man mit einer anderen zarten Farbe bemalt, hellblau, rosa, ockergelb. Nie hatte ich solchen Adel in den Farben gesehen. Der bescheidene Tonkrug prangte dort im Sonnenlicht wie eine kostbare Fayence. Ein Mädchen saß im niedrigen Häuschen und webte. Blaß und still, ohne Lust zu singen, wie das Volkslied es angibt: »Goldener Webstuhl und perlmutterner Kamm.« Ihr Webstuhl aber war aus morschem Holz und der Kamm alt, von ihrer Großmutter ererbt.

»Was webst du?« fragte ich, mich an den Pfosten des Türchens anlehnend.

»Meine Aussteuer«, murmelte sie, ohne mich anzusehen.

»Komm, gehen wir! Laß Stella in Ruh!« riefen die drei Kobolde und rissen mich vom Türchen los.

Wir fanden wieder den Schlüssel, öffneten die Kirche. Sie war leer bis auf die Schulbänke und eine Tribüne im Hintergrund.

»Hier hatten wir die Schlußfeier. Ich habe das Gedicht ›Die Waise‹ aufgesagt«, sagte Alexándra.

»Ich das ›Gedicht auf den Patriarchen Gregorios‹«, sagte Manólas.

»Ich sage dir meins auf«, rief Phóto und sprang auf die Tribüne.

Ich erinnere mich schwach an das Gedicht, das man ihr aufgegeben hatte. Es besagte etwa: »Ich will keine Reichtümer, ich will keinen Ruhm, nur ein reines Herz will ich haben.«

Nun war ich die Kindergesellschaft leid. Ich trat hinaus, gab ihnen Geld, daß sie Abziehbilder kaufen und mich allein lassen sollten. Sie blieben mit beleidigten Gesichtern stehen, als wäre ich nun der Spielverderber.

»Sagt mir nur den Weg zu dem oberen Castell.«

»Suche ihn doch selber«, sagte Alexándra. »Das fehlte noch!«

»Das fehlte noch!« sagte auch Phóto und streckte mir die Zunge heraus.

Doch Manólas hatte Mitleid mit mir:

»Biege nach rechts ein«, sagte er. »Nach rechts, da wirst du die Treppengasse finden.« Ich ging nun traurig weiter, weil die Freundschaft mit den Kindern ein so schlechtes Ende genommen hatte. Wenn man sich mit einem Erwachsenen verzankt, hat man oft das Gefühl der Erleichterung und des Stolzes; aber mit einem Kind sich zu verzanken, hinterläßt immer eine unsagbare, geheimnisvolle Traurigkeit, als hätten wir alles, was frisch in unserer Seele geblieben ist, verraten.

Dunkle Arkaden, kurvenreiche mittelalterliche Gassen, verfallene Kirchen, und inmitten der Ruinen wächst wieder wie Efeu mit reichem Wurzelwerk das Leben – mit dem Weinen der Säuglinge, mit der hängenden Wäsche und dem schrillen Gekreisch der Armut. Hier war einst die Stadt, als die Byzantiner sie von den Franken zurückeroberten, zu großem Ruhm gelangt. »Überglücklich«, nennt sie eine goldene Bulle, »und Adel von einer Stadt, in welcher Pflege der Künste und Überfluß an aller Ware vorhanden war«.

Ich fand die Steintreppe und stieg hinauf. Rechts eine Wand zum Schutz der Krieger beim Hinaufgehen und hier und da verfallene Türme. Ich kam durch eine Galerie in das Castell, trat auf den Platz hinaus, kletterte durch die verfallenen Türkenhäuser bis zu der großen wunderschönen Kirche der Hagia Sophia, die Andronikos II. erbauen ließ. Auch sie verwüstet, nur an den Wänden einige Fresken, auf dem Altar ein altes Evangelium. Ich schlug es auf, um einen erlösenden Satz zu finden, legte den Finger auf eine Stelle, las: »Seid aber auf der Hut, daß eure Herzen nicht durch Rausch und Trunkenheit und durch die Sorgen um das Irdische belastet werden.«

Ich sprach dieses große Gebot laut, ich sprach es noch einmal und mir wurde leicht ums Herz. Befindest du dich auf einem hohen Castell inmitten der Ruinen einer großen Stadt, so läufst du Gefahr, daß dein Herz nicht von großer Furcht, sondern von einem widersinnigen, unbezwingbaren Trotz befallen wird. Als sei das Herz ein seltsamer Strom, der rückwärts fließt – der Natur entgegen. Ein stolzer Mensch findet nirgends reichere Seelennahrung als in den Ruinen der Welt. Denn dort stellt er fest, daß er einen verzweifelten Kampf unternommen hat; aber er freut sich zu kämpfen, denn er erwartet keine Belohnung. Er kämpft nur, weil er sich stark fühlt, fast um des Kampfes willen. »Niemals werde ich das Herz ›durch Rausch und Trunkenheit und Sorgen um das Irdische belasten‹«, schwört er. »Ich werde es immer wie eine Flamme bewahren, die in der Luft senkrecht in die Höhe steigt.«

Ich blieb in den Ruinen und freute mich, eine solche Stimme zu hören, die von den Steinen Monemvasias ausging. Lange Zeit betrachtete ich am Abhang drei Zicklein mit pechschwarzem Fell, die den roten Felsen oberhalb des Meeres hinaufkletterten.

Fahrt nach Argos

Als ich im Morgengrauen Monemvasia verließ, begann es leicht zu regnen. Der steile Fels war ein dunkler Porphyr geworden und das Meer um ihn war schneeweiß. Durch den leichten Schleier fernen Regens sahen wir das Gesicht der Peloponnes – ihre Berge, Ölbäume, Weingärten, Dörfer, Menschen – feucht schimmern, glänzend, lächelnd. So wie wir das Gesicht der Weberin durch den senkrechten Zettel der Fäden undeutlich sehen.

Der Taygetos hebt sich wie eine unbezwingbare Mauer von der Erde in die Höhe empor, und die weibliche Ebene zu seinen Füßen weint und lacht im wechselnden Licht. Wir fahren durch die breiten Straßen des verwaisten Sparta – heute ohne Leonidas, ohne Palästren, aber mit vielen Kaffeehäusern. Es ist Markttag, große glänzende Tomaten, Zwiebeln, Weintrauben, Feigen und haufenweise Körbe – groß und klein –, aus Weidengerten geflochten. Für einen Augenblick kam die Sonne heraus, der schöne Garten Helenas am Museum lachte – die Palmen, die Zitronenbäume, die Rosen. Vor seinem Gitter ritt eine Frau vorbei auf einem weißen Maultier. Mein Auge erhaschte die herrliche Wolldecke, auf der sie saß – hellgrün, mit schwarzen Zypressen bestickt.

Wir fahren nach Tripolis hinauf. In der trüben Luft liegt in der Landschaft eine heimliche, fast menschliche Zärtlichkeit. Sie dringt tiefer in dein Herz, wie eine weinende Frau. Als nähmest du Abschied von der Erde, und dein Herz blutet vor Erschütterung. Du denkst plötzlich, daß dieser Tag der Trennung mit Bestimmtheit kommen wird.

In Tripolis machten wir halt zum Essen und fuhren dann weiter gen Norden. Frauen mit weißen Kopftüchern pflückten in gebückter Stellung Baumwolle. Die Felder waren wie verschneit. Auf den Tennen glänzten gelb-rot riesige Haufen von Maiskolben. Hier und da sah man noch blühende Lorbeersträucher oder eine große Sonnenblume mit reifem, pechschwarzem Herz.

Wir lassen Arkadien hinter uns, vor uns liegt die Argivische Ebene friedlich, heiter, die Sonne hat sich behauptet, zerstreute die Wolken, die Welt lacht. Wir fahren durch ein Dorf, die Türen stehen offen, alte Frauen und Kinder mit Körbchen suchen in den Hecken nach Weinbergschnecken.

Ich aber bin in Gedanken beim Ziel dieser Reise, der Burg von Mykene, mit den zwei Löwinnen am Eingangstor – Klytämnestra und Elektra. Und all dieses liebliche Leben des Dorfes – die Maiskolben, die Baumwolle, die Schnecken – verschwindet, wird von der abscheulichen Sage verschlungen. Erstaunlich übersinnig oder widersinnig ist dieses Leben, das dich dazu bringt, die Wirklichkeit wegen eines Gebildes der Phantasie zu verachten und dich mehr für die Atriden als für dein eigenes Haus zu interessieren.

Wir kommen in Argos an. Ich sehe die Stadt, die Kirche, die Stühle, die Cafés, die gefüllten Wassergläser ... Ich suche Zuflucht beim antiken Theater, steige die Stufen hinauf, das Meer glitzert verlockend, der Fels von Nauplia in der Ferne erhebt sich drohend in die Luft. Oberhalb des Amphitheaters steht das Kirchlein des Heiligen Georg, da, wo einst Aphrodites Tempel stand. Etwas weiter die Gerichtsstelle, wo Danaos seine Tochter Hypermnestra richtete, weil sie allein von ihren fünfzig Schwestern sich geweigert hatte, ihren Mann zu töten. Sie waren als Flüchtlinge aus dem Land des Nils gekommen, zusammen mit ihrem Vater, lehrten die Argiver ihre Felder bewässern, verwandelten das brachliegende Land in einen Garten. Sie sind Feen geworden, die Dichtung nahm sie auf, sie gingen in die Unsterblichkeit ein.

Mykene

Am nächsten Tag gegen Mittag brachen wir nach Mykene auf. Es war die glühende, senkrechte Stunde, die zu diesen furchterregenden Felsen und Sagen paßt. Das morgendliche Licht verleiht ihnen eine Reinheit, die ihnen nicht zusteht, das Abendlicht eine romantische Schwermut, die sie nicht haben wollen. Hier in den berühmten wasserlosen Abhängen nisten weder morgendliche Lerchen noch liebestolle Nachtvögel, sondern furchtbare fleichfressende Raubvögel, Adler und Falken, die sich um die Mittagszeit in schwindelnden Höhen wiegen und ihre Nahrung unten auf der Ebene anvisieren.

Furchtbare Hitze, das Blut wallte auf, die Kehle trocknete aus. Gute körperliche Vorbedingungen für diese Pilgerschaft. Wir schlugen den aufsteigenden Weg von Charváti ein: Ich heftete die Blicke zwischen die strengen Berge Zara und Prophet Elias und bemühte mich, im glühenden Licht das Nest der Atriden zu erspähen. Es ist ein Fels inmitten von Felsen, so daß man ihn nicht unterscheiden kann. Aber an dem Herzklopfen spürt man, daß man ihm näher kommt. Wir bogen nach rechts ein, und da erhob sich schon vor uns das furchterregende Tor mit den zwei Löwinnen.

»Hier ist die Metzgerei«, sagte der Chauffeur, anhaltend.

Ich freute mich, den groben Humor des Volkes bei mir zu haben, den »siebenfach lederbezogenen Schild«, den die Romantik und die Sentimentalität nicht leicht durchbohren. Er wägt alles in der Waage des praktischen Denkens ab, weiß und erkennt als legal an, daß das Leben voller Blutvergießen und Treulosigkeit ist und läßt sich nicht davon erschrecken; wie man sich nicht erschrecken läßt, wenn man ein Märchen voller Ungeheuer hört. »Das Leben ist lebenslänglich«, wir werden sterben und dann erkennen, daß alles Luft gewesen sei; so ist auch das ganze Leben nur ein Märchen. Und Jannis, der Chauffeur, lebt in dieser uralten Weisheit des Volkes und fühlt deswegen seine Knie nicht weich werden beim Betreten der furchtbaren Schwelle der Atriden. Ich ging allein weiter auf dem königlichen Weg, den Klytämnestra mit kostbaren roten Teppichen ausgelegt hatte, damit ihr zurückkehrender Mann darauf schreite. »Tritt, tritt darauf«, redete sie ihm verlockend zu, »fürchte nicht die Götter, denn dem Glückseligen gebührt auch, daß sie unterliegen können.«

Ich schritt neben dem großen Schatten voran, trat auf die von der Feuersbrunst gewellten Steinplatten des Palastes, schaute die Berge ringsum, die Ebene bis in die Ferne des Argivischen Meeres. Ich bemühte mich, zu sehen, was Agamemnon erblickte, als er zu seinem Palast hinaufschritt, und was seine Frau sah, als sie mit verbissenen Lippen über das Meer spähte, ob die verhaßten zurückkehrenden Schiffe schon sichtbar wären. Sicherlich schauten beide auf diese gleichen Berge, diese gleiche sonnenverbrannte Ebene, die gleichen Meereswogen. Von Bedeutung ist es aber, wie sie sahen, mit was für einem primitiven inneren Brodeln.

Der deutsche Maler Franz Marc hatte vollkommen recht, als er seine Landschaft malte, die von einem wilden Tier gesehen wurde, und sich Mühe gab, sie so zu malen, wie sie das Tier – und nicht das menschliche Auge – sehen würde. Er stellte sie sich vor wie eine erstaunliche Vision, erfüllt von Farben, dich ineinanderverwoben, ohne Grenzen zwischen Tier und Wald. Man muß hier herauf, auf Agamemnons Burg steigen, das Herz voller Leidenschaft – Haß, Liebe, Krieg, Schrecken –, um die Argivische Ebene und die Berge und das Meer etwa so zu sehen, wie sie die Atriden sahen.

So müßte man auch die Tragödien von Aischylos sehen und aufführen. Mit dem Auge eines wilden Tieres; alles andere, klassisches Gleichgewicht, rhythmische Chorschritte, stilisierte Gesten von antiken Vasen entliehen, sind Philologie und monologische Opfer an die »abwesende Aphrodite«.

Altkorinth

Eine Burg steht auch auf dem kahlen, metallisch schimmernden Felsen oberhalb Korinths, der Akrokorinth. Zu seinen Füßen unten am Meer der Korinthischen Bucht, das lieblich wie Aphrodite ist, glänzt der heilige Bezirk, in dem einst die antike Stadt der Liebeswonne, von Kaufleuten, Lebemännern und geschminkten Frauen erfüllt, lärmte.

Heute ist Aphrodites Tempel mit den tausend Priesterinnen verschwunden und auch der solide Tempel Athenas, der »zaumanbringenden«, die Bellerophon half, den Pegasus zu zähmen durch das Anlegen des Zaumes. Eins ist noch auf diesem nun öden und kahlen Fels übrig geblieben: die heilige Quelle, Peirene, die der Pegasus durch einen zornigen Fußtritt hat aufspringen lassen. Bellerophon bezaubert durch sein hochmütiges, hartes Schicksal alle diejenigen, die entgegen der griechischen Weisheit nach den unmöglichen Dingen trachten. Er hat sich auf das furchterregende Ungeheuer der Dichtung gesetzt, doch hatte er dabei das Geschenk der Göttin der Vernunft, Athena, den Zaum, vergessen. Und so, ohne Zügel, nur den Flügeln seines Rosses vertrauend, hatte er sich angemaßt, den Himmel im Ansturm zu erobern. Und Zeus, der Gott der Ordnung, stürzte ihn vom Pegasus auf die Erde hinab. So irrte nun Bellerophon erblindet und lahm durch diese dürstende Korinthische und Argivische Bucht.

Zu einem so steilen, senkrechten Abhang wie dem Hügel von Akrokorinth paßt die zügellose Impertinenz des Helden der antiken Sage. Man klettert den schroffen Fels hinauf, und das harte Schicksal des uralten Vorfahren ringt darum, dem ungezähmten Verlangen des Herzens Zügel anzulegen. Bellerophons antiklassische Gestalt und diese wildgeformte Landschaft, in der er wirkte, erfüllen einen mit Herzbeben. Von unten, aus der friedlichen Ebene und dem lächelnden Meer erreichen uns Stimmen und Ratschläge, die uns zum klassischen griechischen Gleichgewicht bringen wollen. Aber die Seele des heutigen Menschen hört nicht darauf, hat das heilige Gleichgewicht gesprengt, wirft die Zügel fort. Ein furchtbarer, gefährlicher, zeitgenössischer Schrei in unserm

Innern sagt: Höre nicht auf den Gott der Ordnung, fürchte dich nicht vor dem Abgrund. Öffne deine Augen, schau. Viel besser ist es, das mysterium tremendum zu sehen und zu erblinden, als die Augen unverletzt im gesetzlichen Rahmen des Menschenmöglichen zu bewahren.

Sicherlich haben Sophokles und Euripides, die Tragödien mit Bellerophon als Helden geschrieben hatten, ihn wegen der Hybris getadelt und bestraft, weil er die menschliche Grenze sprengen wollte und das Unmögliche begehrt hat. Denn er übertrat das griechische Gebot: »Nichts im Übermaß«. Dennoch würde ein zeitgenössischer Dichter Bellerophon zum Vorbild des heutigen mutigen und zugleich verzweifelten Menschen nehmen.

Chlemutsi

Wolkiger Himmel, mildes Wetter. Ich habe gut geschlafen im kleinen Häuschen der Frau Nikoletta in Killini, direkt am Strand. Beim Morgengrauen brach ich mit dem Führer Phótis Zakythinós auf, Ziel war die fränkische Burg Chlemutsi. Der Pfad schlängelt sich zwischen Binsen-, Beeren-, Trauben-, Myrtensträuchern, Asphodelen und Franziskusfeigenhecken hinauf. Je mehr wir uns von Killini entfernen, weitet sich die Ebene mit den Ölbäumen und den Weinstökken, mit den schlanken, stolzen Zypressen voller Adel und Kraft. Eine besondere Faszination geht von dieser Landschaft in Achaia und Elis aus. Etwas Weibliches, Fruchtbares und gefährlich Bezauberndes. Sie streckt sich kahl in der Sonne aus, manchmal auch unter leicht bewölktem Himmel, lässige, verführerische Schatten ziehen über sie hin, friedliche Gedanken steigen lautlos aus ihr auf, und vielarmig wie Efeu umklammern sie dich und halten dich der Erde nah, daß du Wurzeln schlagen möchtest. Friede, Frau, Haus, Kind, gedeckter Tisch, sauberes Bett, ruhiges und langwährendes Leben – alle Versuchungen der weiblichen Landschaft. Hier legt der Krieger die Waffen nieder, spitzt das Ohr, horcht auf das samtene Rauschen des Laubs der Olivenbäume und lacht die Welt an. Er war aufgebrochen, um die Welt zu erobern, aber er verhedderte sich in einer blühenden Myrte und vergaß sich glücklich.

Drei Jahre lang baute Villehardouin. Er hatte dem unersättlichen lateinischen Klerus die reichen Erträge abgenommen und verwandelte sie in Mauern, Türumrahmungen, Schießscharten. Die fränkischen Priester verfluchten ihn, doch er errichtete seine Burg und lachte sie aus. Sie war eine so starke Festung geworden, daß – wie die Chroniken berichten –, wenn die Franken von überall fortgejagt worden wären, sie die Peloponnes wieder hätten erobern können, wenn sie nur Chlemutsi behalten hätten. Nach einigen Jahren begannen die Franken hier ihre ersten Münzen mit den darauf gravierten viereckigen Kreuzen, den Burgen und den Königsbildern zu prägen.

Als ich durch das weit aufgesperrte enge Burgtor eintrat und die verwüsteten gotischen Säle und die mit Unkraut bewachsenen Höfe durchschritt und mich an einem wilden Feigenbaum festhielt, um auf die obere Etage zu gelangen und dort auf einen Stein kletterte, spürte ich plötzlich das Bedürfnis, einen schrillen Schrei auszustoßen wie ein Falke. Plötzliche Freude überfiel mich, als hätte in meinem Geist die Zeit einen sehr schnellen Rhythmus angenommen, als wären blitzartig die Franken nach der Peloponnes gekommen, hätten sie erobert, sie mit furchterregenden Burgen und blonden Kindern gefüllt und wären dann wieder verschwunden. Ich freute mich, weil für einen Augenblick die lässige Zeit den Rhythmus angenommen hatte, nach dem sich jede ungeduldige Seele sehnt.

Bei jedem Schritt scheuchte ich die Raben hoch, sie flogen in Schwärmen auf, verdeckten für einen Augenblick die Sonne und ließen sich unter lautem Geschrei auf der anderen Seite der Burg nieder. An den Berghängen und unten in der Ebene klangen wie plätscherndes kristallenes Wasser die Glocken von unsichtbaren Herden in der Hitze. Ich stellte mich vor ein gotisches Fenster und schaute auf die Ebene von Glarentza, die sich friedlich und fruchtbar erstreckte, umringt vom dampfenden Meer. Noch weiter erglänzten die göttlichen Inseln: Zante, Kephalonia, und schwach, wie eine Vision aus blauem Licht, Ithaka.

Welches Erstaunen mögen wohl die Franken bei den Griechen hervorgerufen haben! Esser, Trinker, Frauenliebhaber, unbesiegbare Krieger, erste in der Schlacht, erste beim Weintrinken und beim Kuß. Verwundert, noch zitternd haben sicherlich die Einheimischen sie umgeben und sie mit Furcht betrachtet. Wie sie feierten und Troubadours mit sich führten und mit seltsamen Musikinstrumenten die Liebe besangen! Eine noch nie gehörte romantische Liebe voll unerwarteter religiöser Verehrung, Wollust und Reinheit. Neuartige Tänze, neuartige Lieder, neuartige Lebensschau, reich, körperlich bedingt und gleichzeitig heimlich unentwegt nach dem blauen körperlosen und aus Flügeln bestehenden Vogel, dem Geist, trachtend. Sie waren von großer Statur, großzügige Seelen, mit schallendem Lachen, freier Meinung, Todesverachtung. Sie kleideten sich in bunten Farben, erglänzten in der Sonne, griffen als einzelne eine Menschenmenge an, waren wie die Naturgewalten. Und die Einheimischen bekamen allmählich Mut, nahmen die fremden Manieren an, aßen, sangen, kämpften wie die Franken. Es traten auch die Frauen dazwischen, ihre Leiber wurden zu den heimlichen Werkstätten, in denen eine neue griechisch-fränkische Kultur wie ein Kind entstand: eine seltsame romantische Kultur im klassischen Griechenland. Unerwartete literarische Früchte dieser Kultur sind die Ritterromane »Kallimachos und Chrysorrhoe«, »Libystros und Rhodamne«, »Belthandros und Chrysantza«, »Florios und Platzia Flora«, »Imperios und Margarona« ... Als würde ein neuer Euphorion der seligste Sproß dieser Verbindung, die Frucht der Liebe zwischen Faust und Helena, jetzt auf griechischem Boden geboren, der den göttlichen Leib der Mutter und die unersättliche, romantische, unheilbar nach der Unendlichkeit trachtende Seele des Vaters besäße ...

Lange Zeit genoß ich aus dem gotischen Fenster den Anblick der ruhigen Ebene von Glarentza und ließ in meinen Gedanken die vergangenen fränkischen Schatten wieder auferstehen. Eine willkommene Gelegenheit, in diesen Ruinen mit Würde und Mut an die ernstere Seite des Lebens zu denken, an den Tod. Doch ich kam nicht dazu. Ich hörte hinter mir plötzlich Schritte und französische Worte. Es waren zwei Französinnen, die eine kurzbeinig und exaltiert, die andere schweigsam. Und hinter ihnen ein junger Mann mit dünnem, ironischem Gesicht und kleinen grüngrauen Augen. Die Vision war gestört, die Burg betreten, die Franken waren wieder da. Ich glitt durch den Feigenbaum ins Erdgeschoß und verschwand.

Glarentza

Als ich, von Chlemutsi kommend, die ersten spärlichen Häuschen von Killini erreichte, war das Volksfest auf seinem Höhepunkt. Aus allen Dörfern ringsherum waren Frauen und Männer zu dem alten Kloster der Gottesmutter von Blachernes gekommen, und sie ergossen sich jetzt in die Strandtavernen, um das gnadenreiche Fest mit Essen und Trinken zu begehen.

Die Tavernen waren mit Lorbeeren und Fahnen geschmückt, Geigenspieler aus dem gegenüberliegenden Zante gekommen, die Wagen entluden immerzu Frauen, die erregt kreischten, weinende Kinder, bunte Decken und Körbe.

Gestern noch besaß dieser Strand einen unsagbaren Adel mit seinem feinen goldgelben Sand und den wenigen, noch aus dem berühmten fränkischen Glarentza stammenden Ruinen. Ruhe, liebliche Stimmung. Beim Morgengrauen ging ich am Meer entlang und sah belustigt meine Fußspuren sich in den Sand eindrücken und sogleich verschwinden. In der menschenleeren morgendlichen Stille erfreut sich unser Geist seiner harten Lieblingsfreuden: der verwüsteten Städte, der Kriege, der Reichtümer, des zunichte gewordenen Handels, der Mühe des Menschen, die als Fundament die Luft hat. Und da stößt der Geist wie ein Falke inmitten der Ruinen einen Schrei aus, fröhlich, denn er fühlt, daß er nun so hoch, so weit gekommen ist, den Abgrund als seine Heimat zu betrachten.

Was für Lärm und Freuden und Geschäftigkeit herrschten hier – in dem jetzt abgestorbenen Hafen von Glarentza – vor sechs, sieben Jahrhunderten! Von hier aus fuhren die Schiffe ab, beladen mit Seide, Trauben, Eicheln, Feigen, Honig, Öl, Wachs ... Sie fuhren nach Venedig, nach Ancona, nach Durazzo, nach Alexandria. Hier, in dem nicht mehr vorhandenen Palast, versammelte sich der große Rat der Herren von Achaia und entschied über Frieden und Krieg und über Prinzenehen. Hier in Glarentza tagte auch der Rat der Bürger, der die Streitigkeiten zwischen den Einheimischen oder zwischen Einheimischen und Franken schlichtete. Und in dieser verfallenen gotischen Kirche sangen die franziskanischen Mönche von Assisi die Vesperandacht, die Blicke durch die länglichen gotischen Fenster auf dieses frische, unverwüstliche Meer richtend.

Alles, Stimmengewirr und Menschen, erlosch, als wäre es ein Rauschen des Schilfrohrs. Doch plötzlich heute beim Volksfest kam wieder Leben in diesen Strandort, erschienen wieder inmitten der Steine und der Bäume die trotzigen Menschen, die immerzu besiegt werden, zu Boden sinken und wieder aus der Erde emportauchen. Sie tauchen auf voller Freude, neu, ohne Gedächtnis. Sie sehen diese dichtbevölkerte Luft von Glarentza und können sich an nichts erinnern. Sie setzen sich in die Tavernen, trinken Wein, essen Fleisch und fangen an zu tanzen.

Und dann kam – als geschähe alles in einem Zusammenhang – ein schmaler sympathischer Musikant und blieb vor unserem Tisch stehen. Seine Augen waren grünblau, seine Finger schmal und sehr lang. Er setzte sich, holte langsam, vorsichtig seine Zither aus einem roten Stoffutteral, legte sie auf die Knie, streichelte sie sanft mit der flachen Hand und begann zu singen und zu spielen.

Langgezogene Weisen voll orientalischer Leidenschaft, uralte Sehnsüchte, eintönige, immer wiederkehrende, weinerliche, unüberwindbare, die den Geist des Menschen einschläfern. Die Seele wird von Grund auf erschüttert, eine rührselige Mattigkeit erfaßt dich, dein Herz wird wie faules Obst. Die Festteilnehmer ringsum erschlafften plötzlich, ihre durchdringenden Augen trübten sich, unter dem beweglichen, quicklebendigen Griechen schaute der lässige Orientale hervor.

Der Zitherspieler hörte auf, wischte sich den Schweiß ab, seine in der Ferne verlorenen Blicke kehrten zurück, er blickte uns an. Er holte aus seiner Tasche ein kleines Tellerchen hervor, sammelte einige Münzen und kreuzte die Arme zum Ausruhen. Er gefiel mir. Ich sprach ihn an: »Wie hast du das Zitherspielen gelernt?«

»Ich war zwanzig Jahre alt. Bei einem Volksfest hörte ich Zitherspiel. Es verschlug mir den Atem. Drei Tage habe ich nichts gegessen. ›Was fehlt dir?‹ fragte mein Vater. – ›Ich will Zitherspielen lernen.‹ – ›Mensch, schämst du dich nicht?‹ – ›Ich will Zitherspielen lernen.‹

Ich hatte ein wenig Geld gespart, um zu heiraten, wenn die Zeit käme. Ich kaufte davon eine Zither, ja, diese Zither, die du siehst. Mit ihr fuhr ich nach Patras, wo ich den ver-

Die Ruinen von Dodona, einst als Orakel und Sitz des dodonäischen Zeus hochverehrt. (Dr. Alfred Stroedel)

Olympia (N. Kontos)

ewigten Kostakis aufsuchte, den Meister des Zitherspiels. Ich fiel ihm zu Füßen.

›Was willst du denn?‹ fragte er. – ›Ich will Zitherspielen lernen.‹ – ›Und warum fällst du mir zu Füßen?‹ – ›Weil ich kein Geld habe, um dich zu bezahlen.‹ – ›Mensch, bleib, ich will kein Geld haben.‹

Ich blieb ein Jahr bei ihm und lernte aus. Nun gehe ich bei den Volksfesten und den Hochzeiten herum und verdiene das tägliche Brot. Gott vergelt's den guten Menschen. Wenn ich spiele, sprechen sie mich an, aber ich höre nicht. Manchmal wiederum höre ich, aber ich kann nicht antworten. Ich will, doch ich kann nicht.«

»Warum denn das?«

»Nun, das Spiel nimmt mich so mit.«

»Spielst du auch zu Hause?«

»Wie könnte ich spielen, mein Herr! Zu Hause gibt es Sorgen, Frau, Kinder, die Frage, was man essen soll ... Kummer. Das Zitherspiel aber verlangt ein frohes Herz. Wenn meine Frau mir ein Wort zuviel sagt, mit was für einem Herzen soll ich Zither spielen? Wenn die Kinder hungern, mit was für einem Herzen könnte ich spielen? Das Zitherspiel verlangt, nur an das Zitherspiel zu denken.«

Ich hatte nie eine vollkommenere und einfachere Definition des Wesenskerns der Kunst und der Verzauberung, die sie bewirkt, gehört. Nur in dem Augenblick, in dem man sich von dem Zwang der Notwendigkeit befreit, kann man empfinden, was reiner, uneigennütziger Schrei des Menschen, Lied, heißt. Dieser zerlumpte Zitherspieler war, seinem Herzen folgend, auf den Gipfel der Ästhetik gelangt.

Ich ging ans Meer, das ewige Element Griechenlands, schwamm, legte mich dann flach auf die Kiesel, hörte aus der Ferne den Lärm der Menschenherde und blickte hinaus nach Zante und noch weiter nach unserer heimlichen Heimat Ithaka.

Und plötzlich tauchte wieder aus dem Meer über die Wogen reitend Odysseus' Schiff. Der Kapitän saß wie gewohnt am Steuer, die spitze Mütze bis zu den Augenbrauen heruntergezogen. Es glitzerten die kleinen Augen voller List, die Brauen zusammengezogen – als wäge er mit dem einen Auge eine Insel ab, die er erobern möchte, oder eine Wolke, die plötzlich am Himmel auftauchte, mit Winden beladen. Oder als wäge er seine eigene Kraft ab vor der Entscheidung, ob er tapfer oder verschlagen sein sollte. Ich richte die Blicke nach Ithaka und spüre auf meiner Stirn die frische Brise, welche seine Schläfen umhauchte, als er im Morgengrauen die Tür seines Palastes öffnete – nicht mehr vermochten ihn Frau und Sohn und Heimat und die heimischen Götter zu halten; er stach in See und kehrte nie mehr zurück. Einer sagte: »Ich habe ihn eines Abends im heimlichen Gespräch mit Helena im Röhricht des Eurotas gesehen.« Ein anderer sagte: »Ich habe ihn gesehen, wie er über die Herkulessäulen hinausfuhr und die Welt hinter sich zurückließ.« Und eines Nachts träumte Telemach von ihm, er sah ihn, wie er die zwei Ruder wie zwei Flügel auf den Schultern trug und so zum Olymp hinauffuhr. Telemach sprang erschrocken auf und rief: »Der Vater ist gestorben!«

Doch du, Schiffsherr von Griechenland mit der spitzen Mütze, dem wachklugen ruhigen Auge, mit dem Kopf, der Mythen erfindet und sich über die Lüge wie über ein Kunstwerk freut, trotzig kühn und durchtrieben, sitzt im Schiffe Griechenlands und hältst das Steuer . . .

Die Sonne neigte sich dem Untergang zu, das Meer war wie Wein geworden, die Lieder wurden immer lauter, die Volksinstrumente wetteiferten in der Lautstärke. Zwei, drei Wagen fuhren den Strand entlang vorbei, voll beladen mit kreischenden Frauen, die sich einander in die Arme fielen. Das Volksfest war zu Ende gegangen. Und ich, aufgesetzt nun auf den Kieselsteinchen, kreuzte die Arme wie ein Arbeiter. Reiche Belohnung – meinen Tagelohn – hatte mein Geist erhalten, die unbezwingbare Burg, das farbenfrohe Volksfest und gegen Abend auf den Wogen schließlich den großen Schatten des Odysseus.

Bassai

Nach einigen Tagen hatte ich eine andere, mich tief erregende Begegnung: Man überquert ein von Platanen beschattetes und mit blühenden Weiden geschmücktes Trokkenflußbett, man steigt einen strengen, nach Salbei und Thymian duftenden Berg hinauf, einsam, kein Dorf, keine Menschen, Zicklein oder Schafe. Und plötzlich, in einer Biegung, erhebt sich unerwartet vor einem der berühmte Tempel des Apollon in Bassai, im Herzen der Peloponnes. Sobald man ihn erblickt, erbaut aus dem grauen Stein des Berges, spürt man die enge gegenseitige Beziehung zwischen Landschaft und Tempel. Wie ein Teil des Berges erhebt er sich, unablöslich mit ihm verbunden, zwischen Felsen eingekeilt. Auch er ein Fels, den der Geist durchwehte. Die aus behauenem Stein errichteten Säulen des Tempels stellen den Wesenskern dieser ganzen herben Bergeinsamkeit dar; man glaubt, hier sei das Haupt der Landschaft, das heilige, umzäunte Gebiet, in dem beschützt ihr Geist wacht. Wiederum ist man nicht überrascht, den alten Tempel hier vorzufinden, so vollkommen setzt er die Landschaft fort, ist er ein Ausdruck dieser Landschaft; gemächlich führt ein Fußpfad ohne Keuchen auf den Gipfel. Als habe sich dieses ganze dunkle Bergmassiv seit Jahrhunderten vor Sehnsucht danach verzehrt, sich zum Ausdruck zu bringen, und dann nach der Errichtung des Tempels aufgeatmet. Nun hatte es einen Sinn bekommen, seinen Daseinssinn, und war glücklich.

Ich begriff es jeden Tag besser beim Wandern über die griechische Erde, daß die griechische Kultur nicht eine losgelöst in der Luft schwebende, übernatürliche Blüte ist, sondern ein tief in der Erde wurzelnder Baum, vom Schlamm genährt, den er in Blüten verwandelt. Und je mehr Schlamm er als Nahrung bekam, desto feiner und reicher gestaltete er sein Blühen. Großartige antike Einfachheit, Gleichgewicht und Ruhe waren nicht natürliche, mühelose Tugenden eines einfachen, ausgeglichenen Volkes; sie waren höchste Leistung, Beute schmerzlicher, gefährlicher Kämpfe. Etwas sehr Vielfältiges und Tragisches ist die griechische Ruhe: Gleichgewicht nach wilden, sich bekämpfenden, sich schließlich aussöhnenden Kräften, die, wie es ein byzantinischer Mystiker ausdrückt, »zur Mühelosigkeit, nämlich zum Gipfel des Bemühens« gelangten.

Was die Berge, die Dörfer, die Erde Griechenlands schwerelos und durchsichtig erscheinen läßt, ist das Licht. Das Licht in Italien ist weich, weiblich; das Licht Ioniens ist sehr lieblich, voll orientalischer Sehnsucht, in Ägypten ist es dickflüssig und wollüstig; das Licht in Griechenland ist voller Geist; solches Licht half dem Menschen, klar zu sehen, Ordnung in das Chaos zu bringen, es zum Kosmos zu gestalten. Und Kosmos, Welt, heißt Harmonie.

Eine alte Frau trat aus dem Wächterhäuschen; in der Hand hielt sie zwei Feigen und eine große Weintraube – die erste, die auf dieser Hochebene gereift war –, sie wollte sie mir schenken. Eine sympathische, zierliche, lächelnde Frau, die in ihrer Jugend sicher schön gewesen war.

»Wie heißt du, gute Frau?« fragte ich.

»Maria.«

Als sie mich aber den Bleistift ergreifen sah, ihren Namen zu notieren, streckte sie ihre Greisenhand aus, um mich aufzuhalten.

»Marijítsa«, sagte sie mit jugendlicher Ziererei. »Marijítsa.«

Als wollte sie, da er nun durch die Schrift verewigt werden sollte, ihren anderen, ihren Kosenamen festhalten lassen, der wohl in ihrem Gedächtnis süße Augenblicke ihres Lebens wiedererweckte.

»Marijítsa«, wiederholte sie, als fürchtete sie, ich hätte es nicht gehört.

Ich freute mich, in einem so verfallenen Körper noch echte Weiblichkeit zu entdecken.

»Und was ist das hier?« fragte ich sie.

»Hm, siehst du es nicht? Steine.«

»Und warum kommt man aus aller Welt, um sie zu sehen?«

Die alte Frau zögerte einen Augenblick; sie senkte ihre Stimme. »Bist du fremd?« fragte sie mich.

»Nein, Grieche.«

Da hob die alte Frau die Schulter.

»Diese dummen Franken!« sagte sie und brach in Lachen aus.

Es war nicht das erstemal, daß ich alte Frauen, die Tempel oder berühmte Kirchen mit wundertätigen Ikonen bewachen, sich ein wenig frevelhaft über die Heiligen oder die alten Dämonen aus Marmor, die sie bewachen, lustig machen hörte. Sie verkehrten halt tagein, tagaus mit ihnen und hatten die Oberhand über sie gewonnen.

Frau Marijítsa sah mich mit Genugtuung ihre säuerlichen Weinbeeren abpflücken.

»Und was hältst du von der Politik?« fragte ich sie, zum Scherzen aufgelegt.

»Nun, mein Kind«, antwortete sie mit unerwartetem Stolz, »weißt du, hier oben sind wir sehr fern von der Welt; ihr Lärm erreicht uns nicht.«

»Wir«, das hieß »der Tempel und ich«. Und sie sagte »fern« mit einem stolzen Ton, als ob sie »überlegen« meinte. Es machte mir Freude. Mehr noch als der Tempel sättigte mein Herz dieser Satz der alten Frau.

Ich ging zwischen den Säulen umher; es hatte vor einigen Tagen geregnet, und in den Vertiefungen stand das saubere Wasser und spiegelte weiße, wallende Wolken wider, die wie Gespenster vorüberzogen. Ich hatte irgendwo gelesen, daß im Fernen Osten Wolken, die über ein Wasserloch hinwegziehen, die Gottheit anbeten.

Als ich wieder hinabstieg, sah ich einen alten Mann auf den Steinen knien, sich mit einem unsagbar verzückten Gesicht über eine Wasserrinne beugen und das fließende Wasser betrachten; man glaubte, Nase, Mund und Wangen seien verschwunden und nur zwei Augen übriggeblieben, die das Wasser zwischen den Felsen fließen sahen. Ich näherte mich ihm.

»Was siehst du dort, Alter?« fragte ich ihn.

Und er, ohne den Kopf zu heben, ohne die Augen vom Wasser abzuwenden:

»Mein Leben, mein Sohn«, antwortete er mir, »mein dahinfließendes Leben ...«

Karytäna

Durch schattige Pfade unter Eichen und Platanen stieg ich weiter hinab, kam an einem von stolzen Zypressen bewachten Friedhof vorbei und gelangte so nach Andritsäna. Ein karges Dorf mit steilen Wegen und Steinen, mit einem Brunnen in der Mitte und Stühlen ringsherum. Da sitzt man, und es wird über Athen gesprochen, wie über ein fernes verlorenes Babel, das von Ministerien wimmelt. Es ist Markttag heute, und die alten Frauen sitzen aneinandergereiht auf den Steinen und verkaufen weiße Feigen, Zwiebeln, winzige Bohnen und einen Haufen gelber, duftender Melonen.

Gegen Nachmittag ging es ab mit dem Bus. Die Wolken hatten sich vermehrt, zogen schnell vorbei und warfen riesige Schatten auf Berge und Ebene. Die Gegend lachte und verfinsterte sich abwechselnd, eine merkwürdige Unruhe breitete sich aus, der Friede war verscheucht. Und als wir auf dem Hügel das berühmte Castell von Karytäna erblickten, spürten wir, daß heute in dieser unruhigen Beleuchtung und bei den Sorgen unserer Zeit dieses strenge, kriegerische, jähe Castell viel treuer als jeder griechische Tempel die Landschaft um uns und in uns ausdrückt. Zu seinen Füßen fließt der Alpheios, im Hintergrund, am Horizont, schimmert der Chelmos. Karytäna ist wahrlich das Toledo Griechenlands mit seinen Gassen und seinen alten Häusern, mit seinen byzantinischen Kirchen und seiner rauhen Seele. Das Castell einsam, aschgrau wie ein Falke, erhebt sich auf dem Gipfel und hält Wache.

Die antiken Tempel sind das Ergebnis von Freude und Sieg. Vor ihnen waren die dorischen Festungen, die vorgriechischen Larissen und die zyklopischen Mauern. Dann kamen das Gleichgewicht und die Ruhe. Ich schaue das Castell von Karytäna an und habe den Eindruck, daß die Seele des zeitgenössischen, wirklich lebendigen Menschen dort oben aufrecht steht und Wache hält. Später, viel später, nach dem Sieg wird die neue Freude, das neue Gleichgewicht kommen. Heute spüren wir – wenn wir uns vom Rausch der antiken Schönheit ein wenig befreien –, daß das Castell von Karytäna genau und unbarmherzig unseren furchtbaren

Augenblick versinnbildlicht. Nehmen wir ihn nicht nur mit Duldsamkeit an, sondern auch mit stolzer Würde; er ist der einzige Augenblick, der uns gegeben wurde, und nur in diesem Augenblick ist es uns vorbestimmt, kühn oder feige zu erscheinen.

Olympia

Alles in Griechenland, Berge, Flüsse, Meere, Ebenen »werden vermenschlicht« und sprechen zum Menschen in einer fast menschlichen Sprache. Sie drücken ihn nicht nieder, sie quälen ihn nicht; sie werden zu Freunden und Mitarbeitern. Der dunkle, unartikulierte Schrei des Orients läutert sich, wird menschlich, wird Logos, wenn er in das Licht Griechenlands eintritt. Griechenland ist das Filter, das nach langem Kampf das Tier zum Menschen läuterte, das die orientalische Sklaverei in Freiheit und den barbarischen Rausch in nüchternes Denken verwandelte. Dem Gesichtslosen ein Antlitz zu geben, dem Maßlosen ein Maß, indem es die gegeneinander kämpfenden dunklen Mächte zum Gleichklang bringt: Das ist die Aufgabe des vielgequälten Erd- und Meeresteils, der Griechenland heißt. Es ist eine wahre Freude, und es bereichert, Griechenland zu durchstreifen. So sehr ist die griechische Erde mit Tränen, Schweiß und Blut durchtränkt, so sehr waren die griechischen Berge in den Kampf mitverflochten, daß es einen schaudert, wenn man sich vorstellt, in diesen Bergen und an diesen Küsten wurde das Schicksal der weißen Rasse entschieden; das Schicksal des Menschen schlechthin. Sicherlich hat sich auch an einer dieser Küsten, die voll Anmut und spielerischem Reiz sind, das Wunder der Wandlung des Tieres in den Menschen vollzogen. An einer solchen griechischen Küste ist wohl eines Tages die orientalische Astarte gelandet, deren Leib – wie bei einer Sau – von vielen Brüsten strotzte. Die Griechen nahmen diesen barbarischen, grobbehauenen Götzen auf, befreiten ihn von dem Tierhaften, beließen ihm nur zwei menschliche Brüste und gaben ihm ein edles menschliches Aussehen. Die Griechen empfingen vom Orient den primitiven Instinkt, den Rausch der Orgie, den tierischen Schrei, die Astarte; und sie verwandelten den Instinkt in Eros, den Biß in den Kuß, die Orgie in religiösen Kult und den Schrei in ein Wort der Liebe. Aus Astarte wurde Aphrodite.

Eine geheimnisvolle Aufgabe und Verantwortung ergibt nicht nur die geographische, sondern auch die seelische

Lage; zwei unaufhaltsame Strömungen prallen aufeinander im griechischen Festland und im griechischen Meer, und so kommt Griechenland geographisch und seelisch nicht zur Ruhe. Diese Lage beeinflußte von Grund auf das Schicksal Griechenlands und der Welt.

Ich nahm Witterung auf von Griechenland, ich schaute es mir an, berührte es, indem ich zu Fuß ging, ganz allein, mit einem Stock aus Olivenholz und mit einem Rucksack. Und je mehr ich Griechenland in mich aufnahm, desto gewisser wurde ich, daß der verborgene Wesenskern des griechischen Festlandes und des griechischen Meeres die Musik ist. Jeden Augenblick verändert sich schwebend die griechische Landschaft; während sie dennoch dieselbe bleibt, läßt sie ihre Schönheit wogen, erneuert sie sich. Sie besitzt die tiefe Einheit und gleichzeitig die ständig sich wandelnde Mannigfaltigkeit. Ist denn nicht auch der Rhythmus der antiken Kunst aus der liebe- und verständnisvollen Betrachtung und Gestaltung der Umwelt entstanden? Schaut euch ein griechisches Werk der großen klassischen Zeit an; es ist nicht unbewegt; ein unmerklicher Lebensschauer durchdringt es, spielt wie die Flügel des Habichts, wenn er hoch in der Luft stehenbleibt und uns unbeweglich erscheint. In gleicher Weise lebt auch die antike Statue, sie bewegt sich unmerklich; sie setzt die Tradition fort, bereitet die künftige Richtung der Kunst vor, bringt in einem unsterblichen Augenblick den dreifachen Fluß der Zeit ins Gleichgewicht.

Jede Landschaft haben die Griechen durch ihren Kampf geheiligt; sie haben sie einem hohen Begriff unterworfen, und dieser Begriff bildet nun ihren Wesenskern; sie verwandelten auch durch die Schönheit und die beherrschten Leidenschaften die Natur in Metaphysik; sie schoben die Kräuter beiseite, die Erde, die Steine, und fanden darunter in der Tiefe der Landschaft die taufrische Seele. Und dieser Seele gaben sie als Körper hier einen anmutigen Tempel, da einen Mythos und dort einen freudigen, einheimischen Gott. Viele Stunden schaute ich mir die heilige Landschaft von Olympia an. Adel, ruhige Konzentration, lachendes, gastliches Tal zwischen niedrigen, sanften Bergen, geschützt vor dem wilden Nordwind, dem sengenden Südwind, offen nur nach Westen, gegen das Meer, von wo ein frischer Wind durch die Schlucht des Alpheios aufsteigt. Es gibt keine Landschaft in Griechenland, die so süß und beständig zum Frieden und zur Versöhnung mahnt. Mit unfehlbarem Blick hatten die antiken Griechen sie erwählt, damit alle vier Jahre die griechischen Stämme verbrüdert dort zusammenkämen; und indem sie es auswählten, gaben sie Olympia einen tieferen Sinn und mehrten seinen Frieden und seinen versöhnenden Einfluß.

Eifersucht, Feindschaften, Bürgerkriege zerrütteten Griechenland; Demokratien, Aristokratien, Tyranneien vernichteten sich gegenseitig. Die geschlossenen Schluchten, die vereinsamten Inseln, die entlegenen Küsten, die kleinen, unabhängigen Städte bildeten einen vielköpfigen, gehässigen, von Leidenschaften besessenen Organismus. Doch plötzlich, alle vier Jahre im Sommer, brachen von diesem heiligen Tal bekränzte Herolde, die Spondophoroi, auf, eilten bis in die fernsten Teile Griechenlands, verkündeten den heiligen Monat der edlen Kämpfe, den Stillstand der blutigen Waffen, und luden Freunde und Feinde nach Olympia zu den Wettspielen ein. Aus der ganzen Peloponnes, vom Festland, aus Makedonien, Thessalien, Epiros, Thrakien, von den Küsten des Schwarzen Meeres, von Kleinasien, Ägypten, Kyrene, von Groß-Griechenland und Sizilien eilten Athleten und Pilger zu der gesamtgriechischen heiligen Wiege des Spiels. Weder Sklaven hatten hier Zutritt, noch Verbrecher, noch Barbaren, noch Frauen; nur freie Griechen.

Kein Volk hatte so vollkommen den verborgenen und den offensichtlichen Wert des Spiels erkannt. Trotz des täglichen Kampfes mit den Feinden im Umkreis, den Naturgewalten, den wilden Tieren, dem Hunger, gegen Durst und Krankheit kommt es manchmal vor, daß dem Menschen noch überflüssige Kraft verbleibt. Sie sucht er dann im Spiel zu vergeuden. Die Kultur beginnt in dem Augenblick, da das Spiel beginnt. Solange das Leben ausschließlich um seine Selbsterhaltung kämpft – daß es sich vor seinen Feinden schützt, um auf der Erdrinde bestehen zu bleiben –, entsteht keine Kultur, sondern erst dann, wenn das Leben seine wichtigsten Bedürfnisse befriedigt hat und sich einer gewisssen Entspannung erfreut.

Wie soll es aber von dieser Entspannung Gebrauch machen, wie soll es sie auf die verschiedenen Gesellschaftsschichten verteilen, wie soll es sie mehren und nach Kräften veredeln? Nach der Lösung, die jedes Volk und jede Epoche diesen Problemen gibt, werden Wert und Wesen seiner Kultur beurteilt.

Ich gehe in den Ruinen der Altis umher, sehe mir mit Genuß die muschelreichen Steine wieder an, aus denen die Tempel erbaut wurden. Die Christen rissen sie nieder, Erdbeben zerstörten sie, Regengüsse und Überschwemmungen des Alpheios spülten ihren eindrucksvollen Farbenreichtum fort. Die Statuen wurden verbrannt, zu Kalk zermahlen, nur wenige blieben übrig, doch sie genügen, um unserem Geist Trost zu spenden. Ich breche zwei, drei Stengel Pfefferminze, die in dem Erdloch wächst, wo einst die golden-elfenbeinerne Statue des Pheidias gestanden haben soll, und meine Finger strömen den ewigen Duft der Pflanze aus.

Hier, an diesem mystischen Ort, hatten vor den Menschen die Götter miteinander gekämpft. Zeus kämpfte mit seinem Vater Kronos, um ihm die Königsherrschaft zu entreißen; der Gott des Lichtes, Apollon, besiegte Hermes im Lauf und Ares im Faustkampf. Der Geist besiegte die Zeit, das Licht besiegte die dunklen Mächte der List und der Gewalt. Später, nach den Göttern, kämpften hier Heroen miteinander; Pelops aus Asien besiegte den blutrünstigen Barbaren Oinomaos und nahm ihm seine Tochter Hippodameia, die Pferde zähmte. Die fortgeschrittene, ruhevolle, anmutige Kultur Ioniens besiegte hier die ungeschlachten Einheimischen, zähmte die Pferde, festigte die Kraft des Menschen. Und ein anderer Heros, Herakles, kam, nachdem er die Ställe des Augias gesäubert hatte, hierher und brachte große Opfer dem neuen Gott Zeus; und aus der Asche der geopferten Tiere errichtete er einen Altar und verkündete die ersten olympischen Wettspiele. Immer höher stieg der göttliche Altar durch die Asche der weiteren Opfer, und Olympia wurde immer mehr zur großen Werkstatt, in der die Stämme der Griechen die Form ihrer bronzenen Leiber zurechthämmerten.

Nicht nur um Schönheit zu formen. Niemals haben die Griechen Kunst der Kunst wegen geschaffen; immer sollte Schönheit dem Leben dienen. Und die antiken Griechen wünschten schöne und kräftige Leiber, wohl als würdige Wohnstätte des ungetrübten, gesunden Geistes, aber auch für die Erfüllung des »höchsten Ziels« der Bürger, die Stadt zu verteidigen. Die gymnastischen Übungen waren für die Griechen eine unentbehrliche Vorbereitung für das gesellschaftliche Leben des Bürgers. Einen vollkommenen Bürger nannte man denjenigen, der in den Sportstätten und den Palästren seinen Körper trainiert hatte, daß er kräftig und gutgeformt, das heißt schön werde und sich bereit halte, das eigene Volk zu schützen. An einer Statue der klassischen Zeit erkennt man sofort, ob der Dargestellte ein freier Bürger oder ein Sklave war; sein Körper offenbart es. Ein schöner, athletischer Körper, eine ruhige Haltung, die Beherrschung der Leidenschaften sind Charakterzüge des freien Menschen. Der Sklave wurde stets dick oder schmächtig, mit jähen, ungezügelten Gesten dargestellt. Dionysos, der Gott des Rausches, steht gelassen da, während ihn volltrunken seine Untergebenen, seine Sklaven, die Silene und die Satyrn, unanständig umspringen. Harmonie des Geistes und des Körpers, das ist das Ideal des Griechen. Ein Überwiegen des einen auf Kosten des anderen wurde für barbarisch gehalten. Als die Griechen begannen, von ihrer Höhe herabzusinken, begann der Körper des Athleten übermäßig zuzunehmen und den Geist zu verdrängen. Der erste, der auf diese gefährliche Veränderung hinwies, die dem Geist durch den Sport drohte, war Euripides. Und später erhebt Galen seine zornige Stimme: »Essen und trinken und schlafen und die Bäuche leeren, im Staub und im Schlamm sich wälzen, das ist das Leben der Athleten.« Das große, beispielhafte Vorbild, Herakles, der in den glorreichen Jahren von einer großen Tat zur anderen schritt, wobei er Körper und Geist im Gleichgewicht hielt, wurde allmählich abgelöst durch den gewaltigen Körper, die niedrige Stirn, den Säufer und starken Esser. Und die Künstler, die in den großen Zeiten den idealen Typ des Epheben geschaffen hatten, stellten realistisch nunmehr den plumpen Körper des Athleten dar, wie sie ihn um sich sahen.

Auch in Griechenland sinkt die Kultur – wie überall –, wenn der Realismus zu herrschen beginnt. Und so geriet das Griechentum in die ungläubige, realistische, jedem überindividuellen Ideal abholde, großmäulige hellenistische Zeit. Vom Chaos war man zum Parthenon gelangt, und jetzt ging es vom Parthenon zurück ins Chaos. Der ewige, erbarmungslose Rhythmus. Gefühle und Leidenschaften kennen keine Hemmungen, der freie Mensch verliert seine maßvolle Haltung, die Zügel, mit denen er die Instinkte beherrschte, entgleiten seinen Händen. Leidenschaften, Sentimentalitäten, Realismus; eine seltsame, schwermütige Sehnsucht steht auf den Gesichtern; die schrecklichen mythologischen Visionen werden zur Dekoration, Aphrodite entblößt sich wie eine einfache Frau. Zeus wird ein verspielter Elegant, und Herakles kehrt in das Tierreich zurück. Griechenland beginnt nach dem Peloponnesischen Krieg sich aufzulösen, der Glaube an das Vaterland geht verloren, der Individualismus triumphiert, Hauptdarsteller ist nicht mehr Gott oder der idealisierte Ephebe, sondern der reiche Bürger mit seinen Wollüsten und Leidenschaften: ein ausgesprochener Materialist und Skeptiker. Begabung ersetzt das Genie und später Ästhetik die Begabung. Die Kunst stellt nur Kinder und eitle Frauen dar, realistische Szenen und tierische oder intellektuelle Menschen.

Ich steige den kleinen Museumshügel hinauf, kann es nicht abwarten, die zwei herrlichen Giebel, die übriggeblieben sind, und die Taten des Herakles und den Hermes von Praxiteles zu sehen. Ich kann es nicht abwarten, als fürchte ich, daß auch sie verschluckt sein könnten. Als übertrete die hochgreifende Bemühung des Menschen die unmenschlichen, ewigen Gesetze. Unser Leben und unser Mühen erlangen auf diese Weise eine heroische, tragische Intensität. Wir haben nur einen einzigen Augenblick zu unserer Verfügung; laßt uns diesen Augenblick in Ewigkeit verwandeln, eine andere Unsterblichkeit gibt es nicht.

Als ich den großen Saal des Museums betrete, beruhigt sich mein Herz. Es leben noch, still, vom Morgenlicht beschienen, die Kentauren, die Lapithen, Apollon, Herakles, die Nike. Es freut mich. Diese Welt folgt außermenschlichen Gesetzen. Wir spüren es, daß von einem Augenblick zum anderen, in dieser schicksalshaften Stunde, in der wir leben, in der uns beschieden ist zu leben, eine Bombe fallen und die teuersten Trophäen des Menschen in Asche verwandeln kann. So ist nun unsere Freude, wenn wir ein Kunstwerk begrüßen, engstens verbunden mit der Gefahr der Trennung für immer, die über ihm schwebt.

Man fühlt beim Betrachten der beiden großen Giebel, wie richtig ein Weiser des Fernen Ostens die Aufgabe der Kunst formuliert hat: »Kunst hat nicht den Körper darzustellen, sondern die Kräfte, die den Körper geschaffen haben.« Hier, vor allem im westlichen Giebel, werden diese schöpferischen Kräfte unter der durchsichtigen Haut erkennbar. Soeben ist das Symposium zu Ende, die Kentauren sind vom Wein berauscht und stürzen sich auf die Frauen der Lapithen, um sie zu rauben. Ein Kentaur streckt den Fuß aus und umarmt eine Frau. Und gleichzeitig drückt er ihre Brust mit seiner dicken, groben Hand. Die Frau ist fast ohnmächtig vor Schmerz und zugleich vor unerklärlicher, unsagbarer Wonne. Eine andere Darstellung zeigt Ringende, die sich ineinander verbissen haben, sich mit Messern bekämpfen – Entfesselung des Tierhaften, wilder Orgasmus, urewige Szenen zwischen Menschen und Affenmensch. Und dennoch, eine heimliche Ruhe erstreckt sich über all dieser unwahrscheinlichen Urleidenschaft: Inmitten der Rasenden steht, unsichtbar für alle Kämpfenden, ruhig, nur den rechten Arm horizontal ausstreckend, Apollon.

Der Künstler, der einige Jahre vor dem Parthenon diese große Vision schuf, hatte die jungfräuliche Ungelenkigkeit des archaischen Künstlers überwunden, war aber noch nicht zu der künstlerischen Vollkommenheit des klassischen Augenblicks gelangt. Er war noch im Aufstieg, er hatte den Gipfel nicht erreicht, er brannte vor Leidenschaft und Ungeduld, das Ziel zu erreichen. Die eine Gleichgewichtslage hatte er überwunden, war jedoch noch nicht zu einer neuen gelangt, war noch unterwegs, eilte unaufhaltsam dem Ziel entgegen. Und wenn uns dieser Giebel so tief ergreift, so deshalb, weil er noch nicht den Gipfel des Menschen erreicht hat, die Vollkommenheit. Man erkennt noch den leidenden und kämpfenden Helden.

Und noch eine andere Freude: Auf diesem Giebel erkennt man die gestufte Hierarchie: Gott, den freien Menschen, die Frau, den Sklaven, das Tier. Gott steht in der Mitte, aufrecht, ruhig, Herr seiner Kräfte. Er sieht das Entsetzliche, das ihn jedoch nicht erschüttert; er unterdrückt Zorn und Leidenschaft, ohne gleichgültig zu werden; denn er streckt ruhig seinen Arm aus und verleiht den Sieg demjenigen, der ihm gefällt. Die Lapithen, die Menschen, wahren ebenfalls, soweit sie es vermögen, ihr Gesicht. Sie heulen nicht, sie werden nicht von Panik ergriffen; sie sind aber Menschen, keine Götter, ein leises Pulsieren der Lippen und eine Furche auf der Stirn verraten, daß sie leiden. Die Frauen leiden noch mehr; doch ihr Schmerz verbindet sich unausgesprochen mit einer dunklen Lust, als freuten sie sich unbewußt, von den schrecklichen männlichen Wesen geraubt zu werden und daß ihretwegen Blut vergossen wird. Die liegenden Sklaven hingegen schauen in bequemer, nicht beherrschter Haltung zu. Zu der Zeit, in der dieser Giebel entstand, konnten diese liegenden Gestalten an den Ecken niemals Götter darstellen. Niemals würden Götter sich derartig umherwälzen und ihre Würde vergessen. Und schließlich sei auf die Kentauren, die Tiere, hingewiesen, die sich hemmungslos, berauscht, brüllend auf die Frauen und auf die Knaben stürzen und beißen. Vom Geist, der Ordnung in die Kraft und Adel in die Leidenschaft zu bringen vermag, keine Spur. Herrlich ist dieser Augenblick, in dem alle hinaufstrebenden Stufen des Lebens ihr Gesicht unversehrt behalten. In diesem versteinerten Augenblick sind alle Elemente vorhanden: die göttliche Unerschütterlichkeit, die Beherrschung des freien Menschen, der Ausbruch des Tieres, die realistische Wiedergabe des Sklaven. Nach einigen Generationen werden diese niedrigeren Elemente die Herrschaft übernehmen, die realistische Leidenschaft wird sich ausbreiten und die freien Menschen und die Götter verunstalten. Die Zügel werden locker gelassen, und die Kunst, die alle Schranken rasend gesprengt hat, wird absinken. Von der dynamischen Tragik, die dieser Giebel Olympias zeigt, von der göttlichen Ruhe des Parthenons werden wir zum zügellosen Verbalismus des pergamenischen Altars gelangen.

Man freut sich, auf diesem Giebel alle Keime der Vorblüte, der Blüte und des Verfalls gleichzeitig zu entdecken. Die Vollkommenheit ist ein schwieriges, gefährliches Augenblicksgleichgewicht über dem Chaos; eine geringe Gewichtsveränderung nach rechts oder links, und alles stürzt zusammen.

Noch eine andere Freude vermittelt dieser Giebel. Er entstand sofort nach dem Sieg der Griechen über die Perser, als Griechenland eine Welle der Erleichterung, des Stolzes und vermehrter Kraft erfaßte. Griechenland hatte seine Kraft erprobt, die Welt um es und in ihm hatte sich erneuert, Götter und Menschen standen in einem neuen Licht. Alles bedurfte der Erneuerung: Tempel, Statuen, Gemälde, Lieder. Eine ewige Siegestrophäe für die Siege der Griechen gegen die Barbaren mußte errichtet werden. Aber wie sollte man diese Trophäe gestalten?

Der große Künstler erkennt hinter den vergänglichen täglichen Realitäten ewige, unerschütterliche Symbole. Hinter den krampfhaften, oft unzusammenhängenden Handlungen des lebendigen Menschen erkennt er deutlich die großen Strömungen, die die Seelen mitreißen. Er versetzt die vergänglichen Ereignisse in eine Atmosphäre der Unsterblichkeit. Der große Künstler sieht in der realistischen Gestaltung eine Verunstaltung, eine Karikatur des Ewigen. Deswegen versetzten auch die großen Künstler des klassischen Griechenland – und nicht nur die Bildhauer – in der Bemühung, die zeitgenössischen Trophäen zu verewigen, die Geschichte in die symbolische Sphäre der Mythologie. Anstatt die zeitgenössischen Griechen im Kampf mit den Persern darzustellen, nahmen sie die Lapithen und die Kentauren. Und hinter den Lapithen und den Kentauren erkennen wir die zwei ewigen Gegner – Geist und Tier, Kultur und Barbarei. So verband sich ein zeitgebundenes Ereignis zeitlos mit dem ganzen Volk und mit dessen Urvisionen. Bis es sich schließlich auch von einem bestimmten Volk abhob und eine unsterbliche Trophäe wurde. Durch diese symbolische Veredelung erhoben sich die griechischen Siege zu Siegen der ganzen Menschheit.

Ähnlich verhielt es sich mit den zwölf Metopen, die den Zeus-Tempel schmückten und die zwölf Taten des Herakles darstellten. Welche Ergriffenheit vermitteln sie uns und zu welchem Stolz erheben sie den Geist, selbst im zerstückelten und zerstörten Zustand, wie sie hier an den Wänden des Museums hängen! Wie steht der menschliche Verstand, Athena, noch klein, aber voller Kraft, neben dem Athleten und hilft ihm! In gleicher Weise wird sie auch von der Akropolis noch vorgestern in Marathon und in Salamis heruntergesprungen sein, um den Griechen zu helfen. Und wie stolz, auf dem Fels sitzend, leicht ermüdet vom Kampf, schaut sie den Athleten an, der als Sieger zurückkehrt und ihr die Beute, die stymphalischen Vögel, darbietet! Und daneben, wie zärtlich hebt sie die Hand, aufrecht hinter ihm stehend, hilft sie ihm, das Gewicht der Erde zu tragen!

Von den zeitgenössischen Griechen, die sicherlich der Künstler hat preisen wollen, geht respektvoll die Lobpreisung an Herakles, den großen Ahnen, den Führer des Volkes. Als wolle der Künstler damit ausdrücken, nicht wir, unsere Generation, hat den Sieg errungen, sondern der Genius des Volkes. Der trotzige, entschlossene Ahne, der Athlet, hat gesiegt. Und so symbolisch, wie er gestaltet wurde, erstreckt sich diese Lobpreisung auf das ganze Geschlecht der freien Menschen. Nicht wir haben gesiegt, auch nicht unser Volk, sondern der Mensch schlechthin über die wilden Tiere, die Barbaren und den Tod, indem er von einer hervorragenden Leistung, von einer Tat zur anderen schreitet.

Ich trat über die Schwelle des Museums auf den Vorplatz unter eine Pinie. Eine plötzliche Traurigkeit ergriff mich. Wird auch unsere Generation jemals ihr Gleichgewicht und das ruhevolle heldische Ideal des antiken Griechenland erreichen? Jeder Pilger, der diese traumhafte Schau Olympias hinter sich läßt und über die Schwelle des Museums hinaus in die leuchtende Sonne tritt, stellt sich sicherlich mit bebendem Herzen diese entscheidende Frage. Doch für uns Griechen ist es doppelte Trauer, denn wir halten uns für Nachfahren und stellen uns unwillkürlich die Aufgabe, den großen Vorfahren ebenbürtig zu werden; die Aufgabe jeden Sohnes, die Eltern zu übertreffen.

Welches Glück wäre es für den Griechen, in Griechenland umherzuwandern, ohne zornige, strenge Stimmen aus der Erde vernehmen zu müssen. Dennoch wird diese Reise für einen Griechen ein reizvolles und gleichzeitig schmerzliches Martyrium, jedes schrittweite Stück griechischer Erde ist ein tiefes Grab mit übereinandergeschichteten Toten, und

Das Kloster Kaesariani in Athen. (Dr. Alfred Stroedel)

Heraklion. Ansicht der venezianischen Festung (von Nikos Kazantzakis immer das große Kastell genannt). (N. Kontos)

ser drei Monate. Was war nun die wertvolle Beute dieses geistigen Feldzuges für mich? Ich glaube, dies: Ich sah klarer die geschichtliche Mission Griechenlands zwischen Osten und Westen. Ich erkannte, daß seine höchste Tat nicht die Schönheit, sondern der Kampf um die Freiheit ist. Ich spürte tiefer das tragische Schicksal Griechenlands und wie schwer die Aufgabe des Griechen ist. Ich glaube, sofort nach meiner Pilgerschaft in Griechenland war ich reif dafür, in das männliche Alter überzugehen; und es war nicht die Schönheit, die mich vorantrieb und in das Männergemach einführte; es war die Verantwortung.

Diese bittere Frucht hatte ich gepflückt, als ich nach dreimonatiger Wanderung zurückkehrte und in das Elternhaus eintrat.

Athen

Ein blindes, störrisches Ungeheuer, das Hunger verspürt, aber nicht ißt, sich geniert zu essen, das nur dem Glück zuzuwinken braucht, das auf der Straße vorbeigeht, damit es stehenbleibe, aber ihm nicht zuwinkt, das die Zeit unnütz fließen und versickern läßt, als sei es Wasser: Ein solches Ungeheuer, das nicht weiß, daß es ein Ungeheuer ist, ist die Jugend.

Ich denke an die Jahre zurück, die ich in Athen als Student verbrachte, und mein Herz blutet dabei; ich hielt die Augen auf und sah nichts; ein dichter Nebel, aus Phantasie, Moral und Oberflächlichkeit zusammengesetzt, bedeckte die Welt und ließ mich sie nicht erkennen. Bitter ist die Jugend, bitter und hochmütig, sie begreift nicht. Und wenn man zu begreifen beginnt, ist die Jugend vorbei. Wie hieß der chinesische Weise, der als alter Mann mit weißem Bart und weißem Haar und Tränen in den Augen geboren wurde? Und als die Jahre vergingen, wurde sein Haar schwarz, seine Augen fingen an zu lachen, sein Herz wurde leichter. Und als er sich dem Tod näherte, waren seine Wangen mädchenzart und bedeckt von leichtem, kindlichem Flaum . . . Einen solchen Verlauf hätte das Leben jedes Menschen haben sollen, wenn Gott die Menschen liebte!

Einmal hatte ich auf Kreta versucht, mich dem Schicksal entgegenzustellen, und war dem Trunk verfallen; ein andermal gab ich mich mit einer Irländerin ab; doch das war nicht mein Weg; ich bereute es und schämte mich dessen, als hätte ich schwer gesündigt, und kehrte in die Einsamkeit und zu den Büchern zurück. Von Jugend an bis ins Alter hielt ich jedes Wort oder jede Tat, die mich von meinem Schicksalsweg ablenkten, für Sünde. Was war nun mein Schicksal? Wohin führte es mich? Mit dem Verstand konnte ich es noch nicht erkennen; so ließ ich mein Herz entscheiden. »Das mußt du tun, das darfst du nicht tun, geh weiter, bleib nicht stehen und schrei nicht; eines ist deine Pflicht: bis zum Ende zu gehen.« – »Welches Ende?« fragte ich – »Frage nicht; schreite weiter!«

Also horchte ich auf den töricht-stolzen Rat des Herzens.

Aber meine Begierde wurde unendlich groß, und nichts von dem, was ich in diesem berühmten Athen sah und hörte, konnte sie stillen. Die Vorlesungen der juristischen Fakultät entsprachen weder den Bedürfnissen meiner Seele noch der Neugier meines Geistes; die Feste, die meine Freunde mit Studentinnen und Näherinnen feierten, bereiteten mir kein Vergnügen. Die Asche vom Apfel, mit dem mich die Irländerin gespeist hatte, lag noch auf meinen Zähnen. Manchmal ging ich ins Theater oder Konzert. Doch die Freude daran war oberflächlich, sie änderte mich nicht im Grunde. Ich lernte fremde Sprachen, auf daß mein Geist sich weite. Es machte großen Spaß, doch dann wehte wieder der geheimnisvolle, laue Wind der Jugend, und alle diese Freuden welkten. Nach einem anderen Gut trachtete ich, jenseits der Frau, des Lernens, der Schönheit – nach welchem aber? Immer wieder platzten die zwei Wunden meiner Pubertät auf. Alles ist eitel. Nichts taugt, weil alles vergänglich ist und, von unsichtbarer Hand aufgezogen, dem Abgrund zueilt. Ich schob das frische Gesicht jedes Mädchens beiseite und sah in ihm die künftige Greisin; sah die Blume welken und hinter dem Mund, der glückhaft lächelte, die nackten Kiefer des Totenschädels. Die Welt vor meinen Augen nahmen den jähen Rhythmus der Katastrophe an. Die Jugend verlangt nach Unsterblichkeit, sie findet sie nicht; nimmt aber auch keinen Kompromiß an, und so verleugnet sie aus Stolz alles. Nicht jede Jugend; die Jugend, die von der Wahrheit verwundet ist.

An den Sonntagen gefiel es mir, allein Ausflüge zu unternehmen. Die Gesellschaft der Freunde, ihre Gespräche, ihre Späße, ihr Lachen entwürdigten, so schien es mir, die heilige Stille. Ich ging in den Olivenwald, meine Augen erquickten sich, der Berg duftete nach Pinie und Honig. Ich wechselte ein Wort mit irgendeinem Bauern, der vorüberging – einem Albanesen, mit niedriger Stirn, schmutziger Mütze, nach Knoblauch und Milch riechend. Seine Worte waren simpel, staubbedeckt, voll dunkler Neugierde. Alle diese Bauern betrachteten mich mit ihren schlauen, kleinen Augen, sie quälten ihren Kopf, um herauszufinden, wer ich sei und warum ich in den Bergen umherlaufe; ein Spion, ein Irrer, ein Händler. Mit räuberischem Blick spähten sie nach dem Rucksack auf meinem Rücken. »Was verkaufst du, Landsmann?« fragten sie. »Evangelien, oder bist du etwa Freimaurer?«

Und eines Tages, als ich einen singenden, stahlblauen Vogel über mir fliegen sah, fragte ich einen Bauern erregt:

»Was ist das für ein Vogel, Gevatter? Wie heißt er?« – Er hob die Schultern: »Was kümmert es dich, guter Mann! Er ist doch nicht eßbar!« Ich wachte mit der Dämmerung auf, der Morgenstern strahlte über dem Hymettos und tropfte auf die Erde leichten Nebel herab. Eine kalte Brise vereiste mein Gesicht, Lerchen stiegen trillernd in die Luft und verschwanden im Licht.

An einem Frühlingssonntag sah ich zwei, drei Kirschbäume auf einem roten Acker, und mein Herz füllte sich mit Glück. In diesem Augenblick ging die Sonne auf und strahlte wie am ersten Tag, da sie Gottes Hände erschaffen hatten. Es glänzte das Meer im Saronikos-Golf, die Insel Ägina füllte sich im Morgenlicht mit Rosen, zwei Raben flogen als günstiges Omen zu meiner Rechten, und ihr Flügelschlag klang nach wie die Saiten einer Geige.

Auf der einen Seite Wogen wie homerische Pferde mit weißen Mähnen, frische, langgezogene Verse Homers, und auf der anderen der Ölbaum Athenas voller Öl und Licht, Apollons Lorbeer und die wundertätigen, von Wein und Gesang erfüllten Weinberge des Dionysos. Kahle, karge Erde, Steine, von der Sonne gerötet. Die blauen, leicht wogenden Berge dampften im Licht, völlig nackt, und sonnten sich friedlich wie ruhende Athleten.

Während ich wanderte, meine ich, Erde und Himmel wanderten mit mir. Alle Wunder um mich her drangen in mich ein, ich blühte, lachte, klang nach, auch ich eine Geigensaite. Und meine Seele verging an jenem Sonntag, trillernd im Morgenlicht wie die Lerche. Ich stieg auf einen Hügel und sah vor mir weit das Meer, die dünnen, rosigen Küsten, die zart gezeichneten Inseln. »Was für eine Freude«, murmelte ich. »Wie schwimmt der jungfräuliche Körper Griechenlands und hebt sich aus den Wogen, wie fällt der Sonnengott gleich einem Bräutigam auf ihn! Wie hat er Stein und Wasser gezähmt, und wie hat er sich von der Trägheit und der Grobheit der Materie befreit und nur den Wesenskern behalten!«

Ich wanderte umher, um Attika kennenzulernen. In den Bäumen, in den Bergen, in der Einsamkeit suchte ich meine Seele zu finden und zu erkennen, vergeblich; das Herz hüpfte nicht – unbeirrbares Zeichen, daß ich nicht das fand, was ich suchte.

Eines Mittags jedoch glaubte ich es gefunden zu haben. Ich war allein in Sunion; brennende Sommersonne; die verwundeten Pinien tropften ihr Harz, die Luft war voller Duft. Eine Zikade setzte sich auf meine Schulter, und eine Zeitlang wanderten wir zusammen. Ich duftete selber wie eine Pinie, ich war zur Pinie geworden. Und plötzlich, aus dem Pinienwald heraustretend, sah ich die weißen Säulen des Poseidon-Tempels und zwischen ihnen, strahlend, dunkelblau, das heilige Meer. Meine Knie wankten, ich blieb stehen. Das ist die Schönheit, dachte ich mir, die flügellose Siegesgöttin, der Gipfel der Freude, höher kann der Mensch nicht gelangen. Das ist Griechenland!

So groß war meine Freude, daß ich für einen Augenblick vermeinte, beim Anblick der Schönheit Griechenlands seien beide Wunden geheilt worden und diese Welt tauge doch etwas, sei sie auch vergänglich. Oder gerade weil sie vergänglich ist. Und daß es falsch sei, im Antlitz des Mädchens bereits die künftige Greisin zu sehen, statt im Antlitz der Greisin den Tau und die Jugend des einstigen Mädchens wiederauferstehen zu lassen.

In der Tat übt die attische Landschaft einen unaussprechlichen, durchdringenden Zauber aus. Hier in Attika scheint alles einem einfachen, bestimmten, harmonischen Rhythmus untergeordnet zu sein. Alles zeigt Grazie und Großzügigkeit. Die trockene, dünne Erde, die reizenden Linien des Hymettos und des Pentelikon, die silberbelaubten Olivenbäume, die schmalen, asketischen Zypressen, das spielerische Aufflackern des Steines in der Sonne und über allem das durchsichtige, wie vergeistigte Licht, das alles durchtränkt und alles entblößt.

Die attische Landschaft zeigt, wie das Vorbild des Menschen sein muß; gut gestaltet, wortkarg, frei von überflüssigem Reichtum, kräftig, doch imstande, diese Stärke zu zügeln und der Phantasie Grenzen zu setzen. Die attische Landschaft erreicht manchmal diese Grenzen, doch sie überschreitet sie nicht, verharrt im freudigen, wohlgesinnten Ernst. Ihr Reiz zerfällt nicht in Romantismen und ihre Stärke nicht in Derbheit. Alles ist wohlabgewogen, wohlbemessen, und die Tugenden werden nicht übertrieben, sie übersteigen nicht das menschliche Maß, machen dort halt, wo ein Weitergehen sie unmenschlich oder göttlich werden lassen müßte. Die attische Landschaft brüstet sich nicht, hält keine prahlerischen Reden, verfällt nicht auf melodramatische Gefühlsduseleien, sagt, was sie zu sagen hat, ruhig mit männlicher Kraft. Sie bringt mit den einfachsten Mitteln das Wesentliche zum Ausdruck.

Doch manchmal legt sich ein Lächeln auf diesen Ernst: Zwei, drei silberästige Ölbäume am kahlen Hang, frische, grüne Pinien, Oleander am Ufer eines weißen Trockenflusses, ein Bündel frischer Levkojen zwischen heißen, blauschwarzen Steinen. Gegensätze stoßen hier aufeinander und vermischen sich, versöhnen sich und schaffen der Harmonie größtes Wunder. Aber wie war das möglich? Wo fand Grazie solchen Ernst, wo Ernst soviel Grazie? Wie kam es, daß Kraft ihre Macht nicht mißbrauchte? Das ist wahrhaft das griechische Wunder.

Es gab Augenblicke, da ich, von Attika zurückkehrend, ahnte, daß dieses Stück Erde in höchstem Maße Menschlichkeit, Vornehmheit und Kraft zu lehren vermag. Nach jeder Wanderung in Attika stieg ich, anfangs unbewußt, auf die Akropolis, um den Parthenon immer und immer wieder zu sehen. Dieser Tempel barg für mich ein Geheimnis; nie hat er sich mir zweimal in gleicher Weise gezeigt. Er veränderte sich unaufhörlich, so schien es mir jedenfalls. Er wurde ein lebendes Wesen, wogte, obwohl er unbeweglich blieb, er spielte mit dem Licht und mit dem Auge des Menschen. Nur als ich ihn zum allerersten mal erblickte, nach so vielen Jahren der Sehnsucht, erschien er mir erstarrt, das Skelett eines uralten, wilden Tieres, und mein Herz hüpfte nicht vor Freude. Das ist mir in meinem ganzen Leben ein unfehlbares Zeichen gewesen. Wenn ich den Aufgang der Sonne betrachte oder ein Gemälde, eine Frau, mich einer Idee hingebe, und mein Herz hüpft vor Freude, dann weiß ich, daß das Glück vor mir steht. Beim allerersten Anblick des Parthenons ist mein Herz jedoch nicht gehüpft. Er erschien mir wie eine Verstandesleistung, aus der Zahl, der Geometrie geboren, ein tadellos in Marmor festgehaltener Syllogismus. Eine große Leistung des Kopfes, die alle Vorzüge besitzt, jedoch nicht den kostbarsten und liebsten: die Beteiligung des Herzens.

Der Parthenon erschien mir wie eine gerade Zahl, wie die Zwei und die Vier. Und die gerade Zahl widerstrebt meinem Herzen, ich mag sie nicht. Sie steht viel zu sicher auf ihren Füßen, ist gut gebaut, hat kein Verlangen nach Bewegung, ist konservativ, zufrieden, ohne Unruhe; sie hat alle Probleme gelöst, alle ihre Begierden hat sie verwirklicht, nun ruht sie in sich. Die ungerade Zahl dagegen entspricht dem Rhythmus meines Herzens; sie ist unzufrieden mit der Welt, so wie sie ist; sie will sie verändern, sie ergänzen, sie vorantreiben. Diese Zahl steht nur auf einem Fuß und hebt den anderen, bereit zur Flucht. Wohin will sie? Zur nächsten geraden, um dort einen Augenblick zu verharren, um dann weiterzustürzen. Dem revolutionären Herzen der Jugend, das alles zerstören will, um die Welt zu erneuern, gefiel dieses ruhige, in Marmor gefaßte Wort nicht. Wie ein allzu vernünftiger Alter, dessen Rat den Schwung des Herzens gar zu sehr zügeln wollte. Ich wandte dem Parthenon den Rücken und versank im herrlichen Anblick des weiten Meeres. Es war Mittag, die höchste Stunde, ohne Schatten und Lichtspiel – streng, senkrecht, vollkommen. Ich schaute mir die weiße Stadt in der Mittagsglut an, das heilige, strahlende Meer von Salamis und die nackten, glücklichen Bäume ringsum, die Sonne tranken: Und ich vergaß, in diesen Anblick versunken, den Parthenon hinter mir.

Doch allmählich, nach jeder weiteren Rückkehr vom attischen Olivenhain und vom Meer des Saronikos, enthüllte sich die heimliche Harmonie meinem Geiste, indem sie Schleier auf Schleier von sich warf; und als ich einmal wieder die Akropolis erstieg, erschien mir der Parthenon, als bewege er sich leicht, wie ein still verharrender Chor, und als atme er.

Monatelang dauerte diese Einweihung, vielleicht auch Jahre. Ich erinnere mich nicht genau an den Tag, da ich als vollkommen Eingeweihter vor dem Parthenon stand und mein Herz wie ein Kalb hüpfte. Was war das für ein Zeichen des Triumphes, das sich da vor mir erhob, was für eine Zusammenarbeit des Kopfes und des Herzens, die schönste Frucht menschlichen Ringens! Der Raum ist besiegt worden, die Begriffe groß und klein sind verschwunden. Dieses beengte, zauberhafte Parallelogramm, das der Mensch da geschaffen hatte, bot geräumig dem All Raum und Ruhe. Auch die Zeit war besiegt worden. Der schöpferische Augenblick wurde Ewigkeit.

Ich ließ meinen Blick über den warmen, sonnendurchtränkten Marmor gleiten, sich an ihm festsaugen; er berührte, ertastete ihn wie eine Hand, enthüllte seine Geheimnisse. Niemals schaffte flimmerndes Wogen eine so makellose Gerade; niemals verbanden sich so innig Zahl und Musik; ich blickte auf die Säulen, die gerade zu sein schienen. Die eine neigte unmerklich ihre höchste Spitze der anderen zu, auf daß alle gemeinsam mit Zärtlichkeit und Kraft die heiligen Giebel hielten, die man ihnen anvertraut hatte.

Knossos

Am nächsten Tag, einem Sonntag, als die Glocken läuteten und die Christen zum heiligen Minas gingen, die Messe zu hören, brach ich, um meine Gedanken abzulenken, zu einer anderen Art Wallfart auf, nämlich, dem heiligen Kreta meine Aufwartung zu machen, das zu jener Zeit aus dem uralten Boden von Knossos ausgegraben worden war. Kretas Geheimnis ist tief; wer seinen Fuß auf diese Insel setzt, spürt eine seltsame Kraft in die Adern dringen, und die Seele weiten; dieses Geheimnis enthüllte sich als noch großartiger von dem Tag an, als eine bunte, vielseitige Kultur voll Adel und jugendlichem Glanz aufgedeckt wurde, die bis dahin in der Erde versteckt gelegen hatte.

Ich ging aus der Stadt, nahm den reizvollen Weg, der zum neuen Friedhof führt . . . Rechts und links von mir waren Weinberge und Ölbäume, die Weinlese hatte noch nicht begonnen, und die Weintrauben hingen schwer bis auf die Erde herab. Die Luft duftete nach Feigenblättern. Eine alte Frau ging vorbei. blieb stehen, hob aus dem Korb, den sie hielt, einige Feigenblätter, die ihn zudeckten, wählte aus und bot mir zwei Feigen an.

»Kennst du mich, gute Frau?« fragte ich sie.

Sie sah mich erstaunt an.

»Nein, mein Junge; ist es denn nötig, daß ich dich kenne, um dir etwas anzubieten? Bist du nicht ein Mensch? Auch ich bin ein Mensch; genügt es nicht?«

Sie lachte ein frisches, mädchenhaftes Lachen und zog ihrer Wege, hinkend, in Richtung auf das Castell.

Die zwei Feigen waren honigsüß, ich glaube, ich habe nie schmackhaftere gegessen. Ein Schatten fiel auf meinen Schatten; ich wandte mich zur Seite, es war ein katholischer Pfarrer. Er sah mich an, lächelte:

»Ich bin Abbé Munier«, sagte er und gab mir die Hand, »wollen Sie mir Gesellschaft leisten? Ich kann nicht Neugriechisch; nur Altgriechisch: ›Singe den Zorn, o Göttin, des Peleiaden Achilleus‹ –«

»›Ihn, der entbrannt, den Achaiern unnennbaren Jammer erregte‹«, fuhr ich fort. Wir lachten, gingen weiter und rezitierten die unvergänglichen Verse. Später erfuhr ich, daß dieser Abbé, der lachte und rezitierte und dessen graues Haar über seine Stirn wehte, berühmt wegen seiner Heiligkeit und Intelligenz war; er hatte viele Gottlose in Paris auf den Weg Gottes gebracht. Er verkehrte in der großen Welt, sprach und spaßte mit den Damen der Gesellschaft, sein Geist sprühte Funken, doch hinter dieser spielerischen und beweglichen Oberfläche stand als unerschütterlicher und uneinnehmbarer Fels der gekreuzigte Christus – nein, der wiederauferstandene Christus.

Der Wächter lief herbei, uns zu empfangen und zu führen; er war ein einfacher, lächelnder Kreter mit Pumphosen und Stock; er hieß David. In den vielen Jahren, seit er Wächter und Führer in Knossos war, hatte er viel gelernt und sprach über den Palast, als sei er sein Haus. Er empfing uns auch wie der Hausherr.

Er ging voran und streckte seinen Stock aus:

»Hier ist der Königshof, 60 Meter breit, 29 Meter lang; hier sind die Keller mit den riesigen verzierten Tonkrügen; hier drinnen bewahrte der König seine Ernten und speiste sein Volk; man fand in den Tonkrügen Reste von Öl und Wein, Kerne von Oliven, dicke Bohnen, gelbe Erbsen, Weizen, Gerste und Linsen; alles verkohlt durch Feuersbrünste.«

Wir stiegen in das Obergeschoß, überall Säulen, kurze, gedrungene, bemalte, schwarze, dunkelrote. An die Wände der Gänge waren Blumen, Schilde, Stiere gemalt. Wir gelangten zu den hohen Terrassen. Vor uns erstreckte sich friedlich, heiter die Landschaft und tief am Horizont Zeus' Kopf, der Berg Juktas. Der Palast, halb verfallen, halb wiederaufgerichtet, strahlte noch nach Tausenden von Jahren und freute sich erneut über die mächtige Sonne Kretas. Dieser Palast bietet nicht das Gleichmaß, die geometrische Architektur Griechenlands, hier herrschen Phantasie, Grazie und das freie Walten der schöpferischen Kraft des Menschen. Dieser Palast wuchs wie ein lebendiger Organismus, wie ein Baum; er entstand nicht auf einmal, nach einem vorher ausgedachten, festen Plan; er wurde wie spielerisch ergänzt und paßte sich den jeweiligen neuen Notwendigkeiten an. Hier war nicht die unbeugsame und strenge Logik die Führende; der Geist war nützlich, doch nur Diener, nicht Herr; Herr war ein anderer, wie sollen wir ihn nennen? Ich wandte mich an den Abbé, teilte ihm meine Gedanken mit, bat um seine Meinung.

»Wer der Herr ist?« antwortete er lachend. »Erwartest du von einem Priester, daß er anderes sagt als dies: Gott? Der Gott der Kreter war der Herr, er führte ihre Hand und ihren Geist, eine Art Vorarbeiter. Und dieser kretische Geist war beweglich und spielerisch wie das die Insel umgebende Meer. So bilden Landschaft, Palast, Wandgemälde und Meer eine vollkommene Harmonie und Einheit.«

Wir stiegen die steinernen Stufen hinab, wir schauten uns schweigsam die Wandgemälde an, die Stiere, Lilien, Fische im blauen Meer, Schwalbenfische, die die Flügel ausbreiteten und über dem Wasser flogen, als hielten sie es in ihrem mütterlichen Element, dem Wasser, nicht aus und suchten leichtere Luft zum Atmen. Wir blieben im Theater stehen; unser Führer begeisterte sich, sein Gesicht strahlte vor Stolz:

»Hier fanden die Stierkämpfe statt«, sagte er, »doch nicht wie jene barbarischen heutzutage in Spanien, bei denen der Stier getötet und den Pferden der Bauch aufgeschlitzt wird; hier war der Stierkampf ein Spiel ohne Blut gewesen. Man spielte: Der Stierkämpfer packte den Stier bei den Hörnern, das Tier warf wütend den Kopf hoch, der Stierkämpfer nutzte den Schwung aus und gelangte auf den Rücken des Stieres; dann drehte er einen Salto, kam hinter dem Schwanz des Stieres wieder zum Stehen, wo ihn ein Mädchen in seine Arme schloß.«

Ich übersetzte die Worte des Wächters dem Abbé. Er hatte seine Augen auf die steinernen Stufen des Theaters gerichtet und bemühte sich, das göttliche Spiel wieder im Licht erstehen zu lassen.

Er ergriff meinen Arm, wir gingen weiter. »Sehr schwer ist es«, murmelte er, »mit Gott zu spielen, ohne Blut zu vergießen.«

Wir blieben bei einem Pfeiler aus glänzendem Gips stehen, auf dem das heilige Zeichen, die Doppelaxt, eingraviert war. Der Abbé faltete die Hände, beugte für einen Augenblick das Knie, und seine Lippen bewegten sich, als bete er.

Ich war erstaunt. »Beten Sie?« fragte ich ihn.

»Natürlich bete ich, mein junger Freund«, antwortete er. »Jedes Volk und jede Epoche drücken ihrem Gott ihre besondere Maske auf, doch hinter allen Masken steht in allen Epochen und bei allen Völkern immer derselbe Gott.« Er schwieg, und bald darauf:

»Wir besitzen als heiliges Zeichen das Kreuz, bei deinen ältesten Vorfahren war es die Doppelaxt. Doch hinter Kreuz und Doppelaxt erkenne und bete ich an, indem ich die vergänglichen Symbole beiseite schiebe, denselben Gott.«

Ich war damals sehr jung, so daß ich seine Worte nicht begriff; viele Jahre später erst vermochte mein Kopf sie aufzunehmen. Hinter allen religiösen Symbolen begann auch ich das unwandelbare, ewige Antlitz Gottes zu erkennen. Und noch später, als der Geist gar zu weit schweifte und das Herz zu kühn wurde, begann ich auch hinter dem Gesicht Gottes eine fürchterliche, unbewohnte Finsternis zu erkennen, das Chaos. Unwillkürlich öffnete mir dazu an jenem Tag in Knossos dieser heilige Abbé den Weg; ich ging ihn, doch ich blieb nicht dort stehen, wo er es wollte; teuflische Neugierde bemächtigte sich meiner, ich schritt immer weiter, bis ich zum Abgrund gelangte. Wir setzten uns zwischen zwei Säulen. Der Himmel glühte und strahlte wie Stahl. Rings um den Palast, im Olivenhain, machten die Zikaden einen ohrenbetäubenden Lärm. Der Wächter lehnte sich an eine Säule, entnahm seinem Gürtel einen Tabaksbeutel und begann, sich eine Zigarette zu drehen. Niemand sagte etwas; wir spürten, daß dieser Augenblick, daß dieser Ort heilig sei und nur Stille dazu passe. Zwei Tauben flogen über uns hinweg und setzten sich auf eine Säule. Es sind die von den Kretern als heilig verehrten Vögel der großen Göttin. Auf den bildlichen Darstellungen sahen wir sie auf Säulen sitzen und andere Male die Göttin sie zwischen ihren von Milch überfließenden Brüsten halten.

»Die Tauben . . .«, sagte ich leise, als fürchtete ich, meine Stimme könne sie von der Säule verscheuchen.

Der Abbé legte den Finger an den Mund.

»Still«, sagte er.

Viele Fragen drängten sich in meinem Kopf, aber ich sprach nicht; wieder zogen die herrlichen Wandgemälde an mir vorüber: große mandelförmige Augen, schwarze, wogende Zöpfe, würdevolle, vornehme Frauen mit freiliegenden Brüsten, mit üppigen, wollüstigen Lippen, Vögel, Fasane, Rebhühner, blaue Affen, Königssöhne mit Pfauenfedern auf dem Kopf, wilde heilige Stiere, mädchenhafte Priesterinnen, deren Arme Schlangen umwanden, blaue Knaben in blühenden Gärten: Freude, Kraft, Reichtum, eine geheimnisvolle Welt, Atlantis, aus der Tiefe der kretischen Erde emporgestiegen, schaute uns mit riesigen schwarzen Augen, doch versiegelten Lippen an. Was ist das für eine Welt, dachte ich, wann wird sie die Lippen auftun, um zu reden? Was für große Taten mögen auch diese Vorfahren auf der kretischen Erde, auf der wir hier stehen, vollbracht haben?

Kreta war die erste Brücke zwischen Europa, Asien und

Afrika; Kreta wurde zuerst in dem damals noch dunklen Europa erleuchtet. Und hier erfüllte die Seele Griechenlands ihre schicksalbestimmte Aufgabe: Sie brachte Gott auf die Stufe des Menschen. Die gewaltigen ägyptischen oder assyrischen Standbilder wurden auf Kreta klein, graziös, der Körper geriet in Bewegung, der Mund lächelte, Gesicht und Gestalt Gottes nahmen Gesicht und Gestalt des Menschen an. Eine neue Menschheit lebte und spielte auf kretischem Boden, eine einzigartige, von den späteren Griechen völlig verschiedene, voller Beweglichkeit, Grazie und orientalischer Pracht . . .

Die darauf abgestimmte Landschaft ringsum besitzt eine geheimnisvolle Faszination, ein verborgenes, spielerisches, vielbedeutendes Lächeln wie das der Sphinx – aber einer griechischen Sphinx. Seit dem Tag, an dem die kretische Kultur durch Ausgrabungen ans Licht kam, wurde die griechische Geschichte um zwei bis drei Jahrtausende verlängert. Die dorische Wanderung offenbarte sich nun als ein großes Mittelalter; vor ihr blühte und trug Früchte in Griechenland eine große, bislang unbekannte Kultur, deren sich Homer erinnerte, als er das goldreiche Mykene und das hundert Städte zählende Kreta besang. Und jetzt steht diese Kultur stumm vor uns. Und die ganze Landschaft von Knossos, Phaistos, Hagia Triada, die man vorher ohne Herzklopfen erblickte, gewann plötzlich einen tiefen, geheimnisvollen Sinn. Denn vor vier oder fünf Jahrtausenden flog auch hier der blaue Vogel, der Geist, vorbei und ließ sich nieder.

Das Ägäische Meer und die seligen Inseln mit den weißen Häusern, mit den malerischen Windmühlen, mit dem ruhigen, langsam dahinfließenden Leben atmen Zärtlichkeit aus, Zypern wollüstige Weiblichkeit und Kreta männliche Strenge. Rauhe, ernste Landschaft aus Granit, aus dunklen Bäumen und weißem Kalkboden, so hart, daß man denken könnte, die Spitzhacke könne ihn nicht aufbrechen; und plötzlich durchstoßen gelbe, zarte Lilien die ausgetrocknete, versteinerte Erde und erstrahlen in der Sonne. Ölbäume, Johannisbrotbäume, Feigenbäume, Weinstöcke; und in windstillen Niederungen Gärten, Zitronen- und Orangenbäume, von Lorbeersträuchern umgeben. Man steigt auf eine Anhöhe und sieht die Erde Kretas vor sich ausgestreckt wie ein wogendes, schauerndes Tigerfell. Und im Süden glitzert voller Zorn, endlos einsam bis zu der Berberei das Libysche Meer, das immerzu brüllt, die steilen Felsen anfällt und Kreta benagt. Auf alle diese wilden kretischen Küsten, die nach Afrika sehen, stürmten oft viele Jahrhunderte lang plötzlich Seeräuber ein, raubten Schafe, Frauen, Kinder, banden sie fest mit ihrem roten Gürtel, warfen sie in den Schiffsladeraum und fuhren ab, um sie in Algerien, in Alexandria oder in Beirut zu verkaufen. Viele Jahrhunderte lang hallte dieses Meer von Wehklagen wider und füllte sich mit abgeschnittenen Frauenzöpfen.

Tragisch, schwergeplagt ist Kretas Gesicht. Etwas Uraltes, Heiliges, Verbittertes, Stolzes ist in ihm, wie im Gesicht der Mütter, denen der Tod die stolzen Söhne entriß. So sehr hat die Seele des Kreters gekämpft und gelitten, und sie ist gleichzeitig so tapfer, daß sie sich nun an den Tod gewöhnte, keine Angst mehr vor ihm hat und mit ihm scherzen und spielen kann.

Ich sah rings die sanften, niedrigen Hügel, die Ölbäume mit dem spärlichen Laub, eine schlanke Zypresse, die sich zwischen den Steinen wiegte, horchte auf die leichten, harmonischen Glockenklänge einer unsichtbaren Ziegenherde, atmete den Duft, der vom Meer her über die Hügel reitend wehte – und ich glaube, das uralte kretische Geheimnis drang immer tiefer in mich ein und hellte sich auf. Es beschäftigte sich nicht mit jenseitigen Problemen der Erde, sondern mit den alltäglichen, sich immer erneuernden des irdischen Lebens.

»Woran denkst du?« fragte mich der Abbé.

»An Kreta«, antwortete ich.

»Auch ich denke an Kreta«, sagte mein Gefährte. »An Kreta und an meine Seele . . . Wenn ich wieder geboren würde, so möchte ich das Licht auf diesem Fleckchen Erde wiedersehen. Hier gibt es einen unbezwingbaren Zauber . . . Gehen wir.«

Wir standen auf, ließen unsere Blicke auf dem herrlichen Bild ruhen; ich würde es wiedersehen, doch der Abbé seufzte.

»Nie mehr«, murmelte er.

Er winkte den Säulen, den Höfen, den Wandgemälden abschiednehmend zu.

»Lebt wohl«, sagte er, »ein Pfarrer kam vom Ende der Welt als Pilger zu euch, er hat euch seine Verehrung zu Füßen gelegt, lebt wohl!«

Wir machten uns auf den Heimweg. Es war sehr heiß, sehr staubig, der Abbé wurde müde. Wir hielten vor einem kleinen türkischen Kloster, in dem Derwische lebten und jeden Freitag tanzten. Das grüne Bogentor zeigte auf dem Türbalken eine bronzene Hand – das heilige Zeichen Mohammeds.

Wir traten in den Hof. Er war mit dicken, großen Kieseln belegt; blitzsauber; ringsum Blumentöpfe und Rankengewächse und in der Mitte ein riesiger, blühender Lorbeerbaum. Wir stellten uns in seinen Schatten, um Atem zu schöpfen. Aus einer Zelle kam ein Derwisch auf uns zu; er legte grüßend die Hand auf Brust, Lippen, Stirn. Er trug eine lange, blaue Kutte und eine hohe, weiße, wollene Mütze. Sein Spitzbart war pechschwarz, und an seinem rechten Ohr hing ein silberner Ohrring. Er klatschte in die Hände. Ein rundlicher, barfüßiger Knabe brachte Hocker, wir setzten uns. Der Derwisch sprach von den Blumen, die wir rundum sahen, und vom Meer, das zwischen den spitzen Blättern des Lorbeerbaumes blitzte. Später begann er über den Tanz zu sprechen.

»Wenn ich nicht tanzen kann, kann ich nicht beten. Die Engel haben zwar einen Mund, aber sie reden nicht; sie sprechen durch den Tanz zu Gott.«

»Was für einen Namen gebt ihr Gott, Ehrwürden?« fragte der Abbé.

»Er hat keinen Namen«, antwortete der Derwisch. »Gott kann man nicht in einen Namen pressen. Der Name ist ein Gefängnis, Gott ist frei.«

»Wenn ihr ihn aber rufen wollt«, beharrte der Abbé, »wenn es notwendig ist, wie ruft ihr ihn?«

»Ach«, antwortete er, »nicht Allah. Ach! werde ich ihn rufen.« Der Abbé erbebte.

»Er hat recht . . .«, murmelte er.

Der rundliche Derwischknabe kam mit einem Tablett, Kaffee, frisches Wasser und zwei große Weintrauben darauf. Über uns, auf dem Dach, spielten verliebt zwei Tauben – als seien sie die gleichen von Knossos – und gurrten; wir schwiegen einen Augenblick, und die Klosterluft füllte sich mit Liebesseufzern. Ich wandte mich zum Abbé; er sah empor zu den Tauben und höher hinauf zum Himmel, und seine Augen waren mit Tränen gefüllt. Er spürte, daß ich ihn ansah, lächelte.

»Schön ist die Welt«, sagte er, »schön ist sie in den sonnigen Ländern. Dort gibt es blauen Himmel und Tauben und Weintrauben. Und über uns einen Lorbeerbaum.« Er aß Beere um Beere und war glücklich; man spürte seinen Wunsch, diese Stunde möge nie enden.

»Wäre ich auch sicher«, sagte er, »ins Paradies zu gelangen, so würde ich Gott bitten, mich über den weitesten Weg dorthin gehen zu lassen.«

Wir fühlten uns so glücklich im Hof dieses Moslemklo-

Der Prinz mit der Federkrone. Fresko aus dem Palast von Knossos, jetzt im Museum von Heraklion. (N. Kontos) ▸

Knossos. Teilansicht des Palastes (N. Kontos)

sters, daß wir es nicht über das Herz brachten, aufzubrechen. Da traten aus den umliegenden Zellen weitere Derwische. Die jüngeren waren blaß, und ihre Augen loderten, als jagten sie verzweifelt Gott nach. Die alten, die vielleicht Gott gefunden hatten, waren rosenfarbig; ihre Augen strahlten vor Licht. Sie hockten um uns herum, manche lösten den Rosenkranz von ihrem Ledergürtel und spielten gelassen mit den Glasperlen, während sie neugierig den christlichen Mönch betrachteten. Andere holten ihre lange Pfeife hervor, schlossen die Augen halb und begannen wohlig und schweigend zu rauchen.

»Was für ein Glück!« flüsterte der Abbé. »Wie leuchtet auch hier hinter allen diesen Gesichtern das Antlitz Gottes!«

Er berührte meine Schulter.

»Bitte, frag sie, ob die Derwische ein religiöser Orden sind und welche Regeln sie haben!«

Der Älteste legte seine Pfeife auf das Knie und antwortete: »Armut, Armut; nichts besitzen, auf daß uns nichts belaste, auf daß wir uns Gott nähern auf blühendem Pfad; Lachen, Tanz und Freude sind die drei Erzengel, die uns dabei geleiten.«

»Frag sie«, bat mich abermals der Abbé, »wie sie sich vorbereiten, vor Gott zu treten; durch Fasten?«

»Aber nein«, antwortete ein junger Derwisch lachend, »wir essen und trinken und loben Gott, der dem Menschen Essen und Trinken geschenkt hat.«

»Und auf welche Weise?« beharrte der Abbé.

»Tanzend«, antwortete der älteste Derwisch mit dem langen, weißen Bart.

»Tanzend?« fragte der Abbé. »Warum?«

»Weil Tanzen das Ich auslöscht«, meinte der alte Derwisch.

»Wenn das Ich erstorben ist, gibt es kein Hindernis, sich mit Gott zu vereinen.«

Das Auge des Abbé blitzte auf.

»Der Orden des heiligen Franziskus!« rief er aus und drückte die Hand des alten Derwisches, »genauso ist der heilige Franziskus tanzend über die Erde gegangen und in den Himmel gestiegen. Was sind wir denn? Nichts anderes als Possenreißer Gottes, die geboren wurden, um die Herzen der Menschen zu erfreuen. Da siehst du es wieder, mein junger Freund, immer stößt man auf denselben Gott!«

Aber da wagte ich mit der Frage zu widersprechen, warum die Missionare zu den vier Enden der Welt reisen und die Einheimischen überreden wollen, Gott die ihnen passende

Maske abzunehmen und ihm eine fremde Maske, die unsere, aufzusetzen. Der Abbé stand auf.

»Es ist schwer, dir darauf Antwort zu geben«, sagte er. »Wenn Gott es geben wird und du dein Studium in Paris fortsetzt, besuche mich.« Er lächelte schelmisch: »Bis dahin habe ich vielleicht die Antwort gefunden.«

Wir verabschiedeten uns von den Derwischen, sie gaben uns mit Verbeugungen und Lächeln das Geleit bis zum Hoftor. Auf der Schwelle sagte der Abbé:

»Sag ihnen bitte, daß wir alle denselben Gott verehren. Sag ihnen, auch ich sei ein Derwisch in schwarzer Soutane.«

Die Ägäischen Inseln

Ich schaute mir die untergehende Sonne an, das Felseninselchen gegenüber, das glücklich sich rosig wie eine geküßte Wange färbte, ich hörte die kleinen Singvögel, des Singens und des Herumflatterns müde, heimfliegen, um zu schlafen. Bald werden die Sterne aufgehen, einer nach dem anderen, ihren Platz einnehmen, und das Rad der Nacht wird beginnen, sich zu drehen; es wird Mitternacht kommen, Morgendämmerung, dann wird mit Sicherheit die Sonne aufgehen und das Rad des Tages sich zu drehen beginnen.

Göttlicher Rhythmus; Sterne, Vögel, Samenkörner in der Erde, alles gehorcht ihm; und nur der Mensch sträubt sich, will das Gesetz übertreten und den Gehorsam in Freiheit verwandeln; deswegen kann er allein von allen Geschöpfen sündigen; was heißt sündigen? Die Harmonie zerstören.

Ich entschloß mich, zu reisen, damit ich mich in Geduld fasse und warte; ich fuhr mit einem Segelfrachter, der die anmutigen Inseln der Ägäis – Santorin, Naxos, Paros, Mykonos – anlief. Ich sagte es und sage es wieder: Eine der größten Freuden, deren der Mensch auf dieser Welt gewürdigt werden kann, ist, die Ägäis zu bereisen im Frühling, umhaucht von der leichten Brise; ich habe mir das Paradies niemals anders vorstellen können. Welche andere Freude im Himmel und auf Erden kann besser in Einklang mit dem Körper und der Seele des Menschen stehen? Diese Freude wächst sogar bis zu Verzückung, doch Gott läßt sie nicht weiterwachsen, so daß die geliebte sichtbare Welt nicht verschwindet; im Gegenteil, die unsichtbare Welt wird sichtbar und was wir Gott und ewiges Leben und Seligkeit nennen, kommt mit auf unser Schiff und begleitet uns auf der Reise. Schließ in der furchtbaren Stunde des Todes die Augen, und siehst du dann Santorin oder Naxos oder Paros oder Mykonos, so kommst du sicherlich ins Paradies, ohne daß die Erde dazwischentritt. Denn was sind Abrahams Schoß und die immateriellen Gebilde des christlichen Paradieses vor dieser griechischen Ewigkeit aus Wasser, Stein und frischer Sommerbrise!

Ich freute mich, ein Mensch zu sein, ein Mensch und ein

Grieche, und so konnte ich ohne die entstellende Intervention des abstrakten Gedankens instinktiv die Ägäis als die meinige spüren, als mein urväterliches Erbe, und zwischen den Inseln von Glück zu Glück weiterfahren, ohne die Grenzen meiner Seele zu sprengen. Wie die daunenzarte Brust des Rebhuhns erglänzten diese göttlichen Inseln und spielten und wechselten ihre Gestalt jeden Augenblick im Schatten und im Licht, schienen einmal dunkelbraun zu sein, ein anderes Mal mit Goldstaub bestäubt, morgens mit Rosen übersät, mittags mit Lilien und zur Stunde des Sonnenuntergangs mit Veilchen.

Fünfzehn Tage lang dauerte diese Hochzeitsreise; keine intellektuelle Sorge hatte mich während dieser Zeit irregeleitet und kein Traum war in meinen Schlaf gekommen, um mich daran zu erinnern, daß ich schöpferische Nöte zu überwinden habe, die ich nicht lösen konnte; ich schaute, ich hörte, ich roch mit sorgloser Einfachheit die Welt; als wäre auch meine Seele Körper geworden, schaute sie mit, hörte und roch sie die sichtbare Welt mit Wonnegefühl.

Welches waren die zwei antiken Maler, die miteinander wetteiferten, wer von beiden treuer die sichtbare Welt malen konnte? »Jetzt werde ich dir beweisen, daß ich der beste bin«, sagte der eine und zeigte einen Vorhang, den er gemalt hatte. »Ziehe nun den Vorhang zur Seite«, sagte der Rivale, »damit wir das Bild sehen.« – »Der Vorhang, ist das Bild«, antwortete der Maler lachend.

Auf meiner ganzen Reise durch die Ägäis spürte ich tief, daß wirklich der Vorhang das Bild ist. Wehe dem, der den Vorhang zerreißt, um das Bild zu sehen; er wird nur das Chaos erblicken.

Ich blieb noch einige Tage, versunken in der strengen Stille der Einsamkeit; es war Frühling, ich saß unter dem blühenden Zitronenbaum im Hof und wiederholte mit Freude ein Wort, das ich auf dem Heiligen Berg gehört hatte: »Bruder Mandelbaum, sprich mir von Gott.« Und der Mandelbaum bedeckte sich über und über mit Blüten.

Wahrlich, das muß Gott sein, der mit Blüten, Vögeln, Menschen bestickte Vorhang; diese Welt ist nicht sein Kleid, wie ich einst dachte, sie ist er selbst; Form und Wesenskern ist ein und dasselbe. Ich war von meiner Ägäispilgerfahrt zurückgekehrt und hielt als kostbare Beute diese Sicherheit fest.

Insel der Aphrodite

Zypern ist die wirkliche Heimat der Aphrodite. Niemals sah ich eine Insel mit so weiblichem Charakter, niemals atmete ich solche Luft voller gefährlicher, süßester Versuchungen. Leichte Benommenheit befällt mich, Schläfrigkeit und Wohlgefühl und gegen Abend, wenn die Sonne untergeht und vom Meer her die Brise weht und rechts und links die Segelkutter zu schaukeln beginnen und die Kinder mit den Jasminsträußchen in der Hand sich über den Kai ergießen, da löst mein Herz seinen Gürtel und gibt sich hin wie die Pandemos Aphrodite. Was man woanders nur in Augenblicken der Betäubung empfindet, fühlt man hier ständig; man spürt geradezu, wie der Jasminduft einen langsam durchströmt. »Wie das Denken eine dem Lebenwollen entgegengesetzte Mühe darstellt, so sind die Wachsamkeit des Geistes und der Trieb nach oben die großen Ursünden, die sich dem Willen Gottes widersetzten.«

Noch vorgestern durchstreifte ich die Berge Judäas und hörte überall eine sich auflehnende unbarmherzige Stimme aus der Erde emporsteigen: »Die Hand soll abgeschnitten werden, auf daß sie Gott preise, der Fuß soll abgeschnitten werden, auf daß er ewig tanze.« In der Glut des Sonnenlichtes bebte der Sand und rauchten die Berggipfel. Ein harter Gott, ohne Wasser, ohne Baum, ohne Frau schritt umher, und man spürte, wie der eigene Schädel eingedrückt wurde. Das Leben stieß im erhitzten Kopf wie ein Kriegsschrei empor.

Und nun liegt Zypern in der Mitte des Meeres und singt leise wie eine Sirene und besänftigt meinen durch die Härte der Berge Judäas in Erregung geratenen Geist. Wir überquerten den schmalen Meeresstreifen und kamen innerhalb einer Nacht vom Lager Jehovas in das Bett der Aphrodite. Ich fuhr von Famagusta nach Larnax, von Larnax nach Limassol, immer näher der heiligen Stelle im Meer bei Paphos, wo aus dem Schaum dieses unbeständigen, unvergänglichen Elements diese weibliche Maske des Mysteriums hervortauchte.

Ich spürte deutlich, wie die beiden großen furchtbaren

Strömungen gegeneinander stießen. Die eine führt zur Harmonie, Geduld und Lieblichkeit. Sie setzt sich mühelos durch, ohne jegliche Anstrengung, in dem sie nur den natürlichen Drang der Dinge befolgt. Man wirft einen Stein in die Höhe, für einen Augenblick zwingt man ihn, seinen eigenen Willen zu überwinden; doch sofort fällt er freudig auf die Erde zurück. Man wirft einen Gedanken in die Höhe, doch schnell ermüdet er, die leere Luft behagt ihm nicht, und er fällt wieder zur Erde und vermischt sich mit der Erde.

Die andere Strömung ist, man würde sagen, beinahe wider die Natur. Eine unglaubliche Widersinnigkeit. Sie will die Schwerkraft überwinden, den Schlaf töten, das All mit der Peitsche nach oben zwingen.

Welcher von beiden Strömungen soll ich mich überlassen, so daß ich sage »das ist mein Wille«, daß ich das Gute vom Bösen mit Bestimmtheit unterscheide und die Tugenden und die Leidenschaften hierarchisch einordne?

Dies alles überlegte ich am Vormittag, als ich von Limassol nach Paphos fuhr. Es wurde Mittag. Die Landschaft war rauh und nichtssagend. Johannisbrotbäume, niedrige Anhöhen, rote Erde. Manchmal glühte ein blühender Granatapfelbaum in der Mittagshitze und schien aufzuflammen. Manchmal wiegten sich langsam zwei, drei Ölbäume und milderten die Strenge der Landschaft.

Wir fuhren über ein trockenes Flußbett, das von Lorbeersträuchern überwuchert war. Eine kleine Eule nistete in einer Steinbrücke an der Straße, unbewegt, geblendet, gelähmt vom starken Licht. Allmählich wurde die Landschaft lieblicher. Wir fuhren durch ein Dorf, das von Gärten umgeben war – die Aprikosen glänzten golden, und durch das dunkelgrüne, dichte Laub leuchteten in Dolden die Mispeln.

Die Frauen erschienen auf der Schwelle, schwer angezogen, üppig. Einige Männer im Café wandten sich nach uns um, andere setzten ihr Kartenspiel leidenschaftlich fort. Ein Mädchen trug auf der Schulter einen großen runden Krug, bemalt mit primitiven schwarzen Motiven. Sie trat zur Seite, suchte erschreckt Schutz auf einem großen Stein. Als ich sie aber anlächelte, strahlte sie über das ganze Gesicht, als wäre sie plötzlich von der Sonne beschienen.

Wir fuhren aus dem Dorf, wieder erstreckte sich zu unserer Linken das Meer, endlos, dunkelblau, voller Schaum. Und plötzlich, als ich mich nach rechts wandte, sah ich weit von der Straße entfernt auf dem Gipfel eines niedrigen Hügels eine verfallene Burg. Ich begriff, daß es das berühmte Heiligtum der Aphrodite war. Ich sah die Linien des Berges ringsherum, das Meer, die kleine Ebene, wo die Pilger sicherlich ihre Zelte aufschlugen, versuchte diesen heiligen Bezirk der vielgeliebten, vielbrüstigen Göttin abzusondern und die Vision erstehen zu lassen. Doch wie es mir oft geschieht, blieb mein Herz unbewegt, fand an diesen hohlen, körperlosen Phantasiegebilden keinen Gefallen.

Der Chauffeur hielt vor einer Taverne auf dem Weg an und rief:

»Frau Kalliope!«

Die kleine Tür ging auf und die Wirtin erschien auf der Schwelle. Ich werde sie nie vergessen. Groß, üppig, etwa dreißig Jahre alt, füllte diese zauberhafte ländliche Aphrodite die ganze Tür und lächelte. Der Chauffeur sah sie, seufzte leise, drehte an seinem jungen Schnurrbart. Dann sagte er:

»Komm doch näher, oder hast du etwa Angst?«

Sie lachte laut und trat heraus. Ich spitzte ungeduldig die Ohren, um das Gespräch zu belauschen. Der Chauffeur sagte:

»Mach mir für morgen zwei Oka Lukumia fertig, von den guten.«

Sie wurde ernst und sagte:

»Ja, aber für vierundzwanzig Groschen, nicht weniger.«

»Achtzehn.«

»Vierundzwanzig.«

Der Mann sah sie eine Weile an, seufzte wieder und sagte:

»Gut. Vierundzwanzig? Vierundzwanzig denn.«

Das Geschäft wurde abgeschlossen. Die Landschaft gewann eine unerwartete zärtliche Stimmung. Dieses unbedeutende Gespräch hatte mein Herz aufgewühlt. Das große Heiligtum mit der Faszination der berühmten Landschaft, den Erinnerungen, den historischen Rückschlüssen hatte mich nicht bewegen können; und dieser unbedeutende menschliche Augenblick ließ auf einmal in mir die ganze Aphrodite erstehen.

So brach ich nun fröhlich auf, erstieg den heiligen Hügel; wilder Thymian, Asphodelen, Mohn, alles bekannte Begegnungen auf allen griechischen Bergen. Ein kleiner Hirt, Ziegen, Schäferhunde, ein liebliches, flaumbedecktes neugeborenes Eselchen, das noch zuckte und verwundert die Welt ansah.

Die Sonne ging jetzt unter, die Schatten wurden länger und bedeckten die Erde, der Stern der Aphrodite glänzte, funkelte, zog über den Himmel. Ich trat in den einsamen

Tempel der »Herrin«, ruhig, ohne jegliche Aufregung, als träte ich in mein Haus. Ich setzte mich auf einen Stein; ich dachte an nichts, ich machte nicht einmal den Versuch, nicht zu denken. Ich war leicht müde, leicht fröhlich, wohlig untergebracht auf dem Stein. Ich begann einige Insekten zu betrachten, die sich in der Luft jagten und von Pflanze zu Pflanze hüpften, so daß ich das metallische Geräusch ihrer Flügel hörte. Plötzlich überfiel mich, während ich die Insekten mit den Blicken verfolgte, eine geheimnisvolle Furcht. Zuerst wußte ich nicht den Grund, doch dann erinnerte ich mich mit Schaudern. Wie ich in Gedanken versunken war, kam in mein Gedächtnis, am Anfang schwach und dann stärker, etwas Furchtbares, das ich als Jüngling gesehen hatte. Als ich eines Mittags durch ein trockenes Flußbett ging, sah ich unter einem Platanenblatt zwei Insekten in Liebesumarmung. Es waren zwei grüne, schlanke, reizende Libellen. Ich näherte mich langsam, den Atem anhaltend. Doch plötzlich blieb ich erschrocken stehen: Das Männchen, klein und schwächlich, lag oben und mühte sich, seine heilige Aufgabe zu vollenden, doch mit Entsetzen sah ich, daß ihm der Kopf fehlte. Ruhig verspeiste ihn das Weibchen, und als es damit fertig war, wandte es sich um und biß noch den Hals ab, dann die Brust des Männchens, das fest an es geklammert zu zucken fortfuhr.

Diese fürchterliche Szene kam mir zwischen diesen Ruinen heute plötzlich in den Sinn. Ein Blitz durchfuhr und erleuchtete mein Herz. Die vielbrüstige Göttin hebt ihren Schleier. Bei den Pflanzen und den Tieren ist der Hauch des Mysteriums viel offensichtlicher als bei dem Menschen. Diese folgen treu, unverhüllt, dem großen Schrei. Sie identifizieren die Liebe mit dem Tod. Wenn sie ohne Kopf, ohne Brust kämpfen, um den Tod durch die Zeugung zu besiegen, erahnen wir mit Ehrfurcht in uns denselben Schrei. Den Taumel, die Bestimmtheit des Untergangs. Und dennoch darüber hinaus die Freude, den Wahnsinn beim Untergang, den Ansturm auf die Unsterblichkeit.

Es war nun Nacht geworden. Ein alter Mann sah mich vom gegenüberliegenden Hügel und kam herab. Er stand lange Zeit hinter mir und wagte nicht, näher zu treten.

»Ich habe dir eine Gemme mitgebracht, Herr, willst du sie kaufen?«

Er reichte mir einen kleinen Stein. Ich betrachtete ihn, doch konnte ich ihn nicht richtig sehen. Der Alte zündete ein Streichholz an. Jetzt konnte ich den eingravierten Kopf einer Frau erkennen, die einen kriegerischen Helm trug. Wie ich die Gemme nach allen Seiten drehte, sah ich, daß das obere Teil des Helms den umgekehrten Kopf eines Kriegers darstellt. Sofort erinnerte ich mich an Ares und war erschüttert zu sehen, wie Aphrodite den Mann als Kopfschmuck trug. Ich gab sofort die Gemme dem Alten zurück und sagte unwillkürlich:

»Nein. Sie gefällt mir nicht.«

Der Heilige Berg Athos

Es regnete, der Gipfel des Athos war in dichten Nebel gehüllt, das Meer ruhig, dickflüssig, schlammig; ein Kloster zwischen den vom Regen geschwärzten Kastanienbäumen glänzte weiß. Es regnete sanft, wie um die Blumen zu begießen, und der Himmel hatte sich bis zu den Wipfeln der Bäume herabgesenkt; fünf bis sechs Mönche standen am Landungskai wie Zypressen und ließen sich vom Regen berieseln.

Neben uns im Boot, das uns zum kleinen Hafen des Berges Athos, Daphne, brachte, saßen zwei Mönche und unterhielten sich. Der jüngere, mit spärlichem, schwarzem Bart und einem schweren Rucksack auf der Schulter, sagte:

»Wenn du ihn singen hörst, vergißt du die Welt; süßer als Vater und Mutter ist sein Gesang.«

Und der andere antwortete:

»Was erzählst du mir da! Wir haben ein Amselmännchen im Kloster, das das ›Herr, ich habe dich gerufen‹ und das ›Christus ist auferstanden‹ pfeift, daß man nur staunen kann. Wir nennen es Pater Amsel, und es kommt mit uns in die Kirche und fastet in der Fastenzeit.«

»Das wird keine Amsel sein, Pater Laurentios«, sagte der Jüngere nachdenklich, »es ist bestimmt keine Amsel . . .«

Wir betraten den heiligen Boden; die Mönche im Landungskai prüften mit geübtem Auge jeden einzelnen, der an Land ging, ob er eine Frau in Männerkleidung sei. Seit tausend Jahren, da der Heilige Berg der Jungfrau geweiht wurde, hat kein Frauenfuß den Boden betreten, kein Frauenatem die Luft entweiht – nicht einmal der eines weiblichen Tieres. Die beiden mit uns reisenden Mönche folgten uns; sie waren beladen wie Maultiere und beschleunigten den Schritt, um uns einzuholen.

»Pilger«, sagte der jüngere Mönch und lächelte uns an, »die Gnade der Gottesmutter möge euch beistehen.«

Eremiten sind zum Gespräch aufgelegt; sie kamen in Schwung, redeten von Wundern, von heiligen Reliquien, von Asketen, die ihre Hände über die Abgründe ausstrecken und beten.

»Und solange sie ihre Hände erhoben halten«, sagte der Junge, »braucht ihr keine Angst zu haben, solange stürzt die Welt nicht ein; sie sind es, die die Welt vorm Einstürzen bewahren.«

»Und hat niemals eine Frau den Heiligen Berg betreten?« fragte ich.

»Niemals, niemals«, antwortete der Ältere und spie in die Luft.

»Geh hinter mich, Satan«, murmelte er.

»Manchmal«, sagte der Jüngere, »wagt eine Frau sich als Mann zu verkleiden, um ans Land zu gelangen; doch die wachhabenden Mönche erkennen sie sofort und verjagen sie.«

»Woran erkennen sie sie?« fragte mein Freund und lachte.

»Am Geruch«, antwortete der Jüngere, »hier, frag den ehrwürdigen Alten, der einmal Wachhabender am Landungskai war.« Mein Freund wandte sich an den alten Mönch.

»Riechen denn Frauen anders, heiliger Vater?« fragte er ihn.

»Wie denn?«

»Wie Stinktiere«, antwortete der Alte und beschleunigte den Schritt.

Der Regen ließ nach, und die Wolken schoben sich auseinander, so daß ein wenig Sonne hervorschaute; sofort lächelte die Erde, noch in Tränen gebadet, und mit dem Sonnenlicht wölbte sich leicht ein zarter Regenbogen, der den Himmel wieder mit der nassen Erde versöhnte.

»Der Gürtel unserer Lieben Frau!« sagten die beiden Mönche und bekreuzigten sich. Den Rucksack auf der Schulter, auf grobe, steineichene Stöcke gestützt, stiegen wir zwischen dichtstehenden Kastanienbäumen, Steineichen und breitblättrigen Lorbeerbäumen den Pfad nach Karyes hinauf. Die Luft – so schien es uns – roch nach Weihrauch, als seien wir in eine riesige Kirche getreten, die Meer und Kastanienwälder und Berge einbezog und über der als Kuppel der Himmel schwebte. Ich wandte mich an meinen Freund. »Warum reden wir nicht?« sagte ich, um die Stille zu zerreißen, die mich zu bedrücken begann.

»Wir reden doch«, antwortete mein Freund und berührte leise meine Schulter. »Wir reden, aber mit der Zunge der Engel, schweigend.«

Und plötzlich, als sei er verärgert:

»Was sollten wir reden? Daß es schön sei, daß unser Herz

Flügel bekommen hat und wegfliegen möchte, daß wir einen Weg betreten haben, der zum Paradies führt? Worte, Worte, schweig!«

Zwei Amseln flogen aus einem Nußbaum hoch. Die nassen Zweige bewegten sich, und Regentropfen bespritzten unsere Gesichter.

»Auch die Vögel haben ihre Mönche«, sagte der ältere Mönch, »die Amselmännchen. Der Heilige Berg ist voll davon.«

»Und die Sterne?« fragte der Jüngere. »Haben auch sie ihre Mönche, Pater Laurentios?«

»Alle Sterne, mein Bruder«, antwortete dieser, »waren einst Mönche. Sie haben das Martyrium auf der Erde um Christi Glauben erlitten und stiegen in den Schoß Abrahams hinauf. Der Schoß Abrahams, das mußt du wissen, ist der Himmel.«

Ich hörte ihnen zu und bewunderte die Seele des Menschen, die allmächtig alles umformen und ihrem Wunschtraum unterordnen kann. Um eine unerschütterliche Gestalt, um einen unsterblichen Polarstern – Christus – wirbeln die Gläubigen Himmel und Erde und zwingen sie, sich seinem Dienst zu unterwerfen. Christus ist die große Antwort auf alle Fragen, alles wird erklärt, erleuchtet, in eine Ordnung gebracht, damit die Seele Ruhe bekommt. Nur der Ungläubige fragt, bangt, verliert den Weg, verzweifelt.

Einige Tage später hat mir auf dem Heiligen Berg ein halbentrückter, in heiligem Wahn lebender Asket, der sich in eine Grotte hoch über dem Meer zurückgezogen hatte, ein Wort gesagt, das mir die Sprache verschlug.

»Du hast den Verstand verloren, Unglücklicher«, sagte ich neckend zu ihm.

Und er lachte. »Ich habe meinen Verstand hergegeben«, sagte er, »und dafür Gott bekommen; das heißt: Ich habe eine falsche Münze gegeben und damit das Paradies erkauft. Was meinst du dazu, mein Sohn, habe ich einen schlechten Kauf gemacht?« Er schwieg einen Augenblick und bald darauf sagte er: »Ich will dir auch dies sagen, damit du es weißt. Einmal lebte ein großer König, der war schön, ein großer Esser, ein Lebemann, und besaß dreihundertfünfundsechzig Frauen in seinem Harem. Eines Tages besuchte er ein Kloster und erblickte dort einen Asketen. ›Welch großes Opfer du da bringst‹, sagte er zu ihm und sah ihn mitleidig an. – ›Dein Opfer ist noch größer, mein König‹, antwortete der Asket. – ›Wieso das?‹ – ›Weil ich der vergänglichen Welt entsage, du aber der ewigen!‹«

In unserer Nähe ertönte zwischen den Kastanienbäumen die Glocke zur Vesperandacht. Hinter einer Straßenbiegung erschien das Klosterdorf; wir beschleunigten den Schritt.

Lebensmittelhändler, Köche, Krämer, Müllabfuhrleute, alle waren Mönche. Ein trauriges, unerträgliches Männerdorf, ohne Frau, ohne Kind, ohne Lachen. Nur schwarze, blonde, braune, graue, schlohweiße Bärte; die einen spitz, die anderen breit wie Besen; dichte, krause, undurchdringliche wie Blumenkohl.

Wir kamen zum Protáto, dem Haus, in dem die Räte der zwanzig Klöster ihren Sitz haben; auf ihren Stehbänken thronend, sahen sie uns mit unruhigen, schlauen Augen an, voller Mißtrauen. Wir sagten, wer wir seien, zwei gute Christen, die Gottes Eifer übermannt habe und die zur Anbetung hergekommen seien. Wir seien noch jung, erklärten wir, und bevor wir uns den Sorgen der Welt hingäben, ehe wir heirateten, seien wir hierher in den Garten der Jungfrau gekommen, auf daß uns ihre Gnade erleuchte und uns den rechten Weg zeige; unser Besuch sei ein Gelübde an die Gnadenreiche.

Mein Freund sprach mit seiner dröhnenden Stimme und voll dichterischen Verzückens, mehr und mehr entflammt, so daß die Mönche den Mund aufsperrten, an ihre Bärte griffen und zuhörten. Je mehr er redete, desto tiefer drang auch ich in den Sinn unseres Unternehmens ein und verstand, aus welchem Grunde wir in Wirklichkeit zum Heiligen Berg gekommen waren. Sicherlich war es auch meinem Freund anfangs nicht bewußt gewesen, doch während er sprach, wurde es ihm klar.

Die Mönche murmelten einander ins Ohr, erhoben sich dann und erteilten uns schriftlich die Erlaubnis, alle Klöster und Einsiedeleien zu besuchen, dort unsere Verehrung darzubringen und so lange zu bleiben, bis die gnadenreiche Jungfrau uns einen Wink gebe, daß unser Gelübde erfüllt sei.

Die Wanderung begann. Wie alte Pilger, leise von Gott, dem Schicksal des Menschen und von unserer Aufgabe sprechend – die drei ständigen Themen unserer ganzen Pilgerfahrt –, zogen wir von Kloster zu Kloster, von Wunder zu Wunder, verzückt und glücklich. Ich führte Tagebuch und brachte darin jeden Abend die Ernte des Tages ein. Es ist nun, nach vierzig Jahren, vergilbt. Ich blättere es durch und erlebe alle diese göttlichen, unglaublichen Tage wieder; jedes Wort, auch das unbedeutendste, läßt mich die Freuden, Sehnsüchte, Unruhen der Jugend, die hinreißenden Pläne, die wir beiden Freunde entwarfen, wie wir unsere Seelen retten könnten, nacherleben, die ganze freche Naivität und den Edelmut der Jugend.

Kloster Iberon, 19. November. Morgens Spaziergang am Strand. Geweihtes Quellwasser, eine kleine Kapelle und darin das Bild der Gottesmutter, aus deren Wange Blut fließt. Zwei Fischermönche ziehen Netze ein, in denen die Fische zappeln.

Wir gehen ins Kloster zurück; welches Wunder, die Gottesmutter, die Portaïtissa; große blaue Augen, gekrauster, ringförmiger Mund, festes Kinn, Lieblichkeit, Bitternis, die ganze Freude und der ganze Schmerz des Menschen.

Und am Abend, was für ein göttlicher Augenblick, als wir das Meer erblickten, das, schneeweiß, seufzte, während der Mond riesig über ihm stand.

»Heute erfüllt der Mond wirklich seine Bestimmung«, sagte mein Freund. »Er beleuchtet die ewigen Dinge.«

»Wir müssen«, meinten wir, »eine grundsätzliche Entscheidung treffen. Wir müssen jeden Augenblick die Ewigkeit erleben.«

Wohin wir auch gingen, folgte uns ein schweigsamer Mönch, blaß, kränklich; er hustete ununterbrochen, spie aus, kratzte sich, doch sein Gesicht strahlte vor Glück.

»Sicher ein Verrückter«, sagte mein Freund.

»Sicher ein Heiliger«, sagte ich. »Siehst du nicht sein strahlendes Antlitz? Als falle Sonne darauf.« – Wir hielten an. Er trat hinzu.

»Ich bin Pater Laurentios, der Irre«, sagte er. »Ihr habt sicher von mir gehört.«

»Du bist glücklich«, sagte mein Freund; »du bist noch zu Lebzeiten ins Paradies gelangt; dein Gesicht strahlt.«

»Gott sei gelobt«, antwortete der Mönch und bekreuzigte sich, »das, was die anderen Irrsinn nennen, nenne ich Paradies. Doch ich fand großen Widerstand, bis sich die Tür öffnete.«

»Welche Tür?«

»Des Paradieses, mein Bruder. Am Anfang, als ich in das Kloster eintrat, weinte ich, zitterte ich, fürchtete ich mich. Ich dachte an das Paradies und weinte; ich dachte an die Hölle und weinte. Doch eines Morgens stand ich auf. ›Warum denn weinen‹, fragte ich mich, ›ist Gott denn nicht unser Vater? Sind wir nicht seine Kinder? Warum dann Angst haben?‹ Und von jenem Tag an nennt man mich den Irren.«

Er zog aus seinem Brustausschnitt ein Stück trockenes Brot und reichte es uns.

»Es ist das Brot der Engel«, sagte er, »eßt, eßt, auf daß ihr auch Flügel bekommt, Armselige!«

Kloster Stavronikita, 21. November. Wunderbare Höhe über dem Meer; der alte Pförtner, ein Wrack aus Kreta, ergreift meine Hand.

»He, wer bist du?«

»Ein Kreter.«

»Komm herein!«

In einer Zelle lernen Novizen byzantinische Musik und buchstabieren laut die ersten Noten. Sie halten die Überlieferung wie eine brennende Fackel in ihren kindlichen, schmutzigen Händen.

Oben, vom Turm des Klosters, was für ein gigantisch gespannter Bogen, das Meer!

Und noch weiter im selben Kloster: Wie erfüllt von Geist und frühem, göttlichem Ernst der Kopf des zwölfjährigen Christus! Felsenhoch sich auftürmende Stirn, zarte Brust, tiefer, nachdenklicher Blick; wirklich ein Sohn der Portaïtissa. Ein großes Bild: Der heilige Nikolaos der Stridas (*der mit der Auster*); an seiner Stirn klebt eine große Auster; und aus seinen Händen tropft Salzwasser.

Ich frage den kretischen Pförtner:

»Wie bist du Mönch geworden?«

»Meine Tante las mir jeden Tag aus dem Evangelium vor, und ich sagte: Die Welt ist nichts wert.«

Unvergeßlich ist auch Pater Philemon, der uns bei Tisch bediente. Ein Körper, geschmeidig wie ein Damaszener Schwert, wie ein flammender Engel. Er hatte Freude am Bedienen und Gehorchen, er sehnte sich danach, daß man ihm befehle, und seine Freude war so groß, daß er das Lachen nicht zurückhalten konnte; er lachte immerzu.

»Wann werde auch ich Gott sehen?« fragte ich ihn.

»Nichts leichter als das«, antwortete er, »öffne deine Augen, und du wirst ihn sehen.«

Kloster Pantokrator. Vor der Morgendämmerung ertönte im Hof ein überaus süßer Klang, eine verlockende Melodie. Ich sprang ans Fenster und sah im Halblicht einen Mönch mit langer, schwarzer Kutte und hoher Mütze; er hielt eine längliche hölzerne Stundentrommel und schlug sie rhythmisch mit einem kleinen Hammer. Er ging langsam von einer Zelle zur anderen um den Hof, die Brüder zur Morgenandacht rufend. Auch mein Freund erwachte, lehnte sich neben mich ans Fenster, und beide lauschten wir beglückt.

Die Stundentrommel verstummte, wir zogen uns an, gingen hinunter in die Kirche. Es war finster, nur zwei Öllampen brannten vor den Ikonen Christi und seiner Mutter an der Ikonostas; die Luft duftete nach Wachs und Rosenweihrauch.

Sanft, lieblich, wie das Rauschen eines Baumes, das Seufzen des Meeres, begannen die Gesänge; der Abt näherte sich mit brennender Kerze den Stehbänken, um zu sehen, ob alle Brüder heruntergekommen seien, dann tauchte er den Sprengwedel in das eiskalte Weihwasser und benetzte kräftig die Stirn jedes Mönches. Was für eine göttliche Harmonie, sagten wir später, als wir im Außenhof auf und ab gingen, was für eine herrliche, im Laufe von vielen Generationen ausgeschmückte Schale, doch die Auster darin, die sie entstehen ließ und ausschmückte, ist gestorben. »Wir müssen«, sagten wir uns und schwuren dabei, »wir müssen die christliche Askese reformieren, ihr neuen schöpferischen Atem einhauchen. Es ist unsere Pflicht, deswegen sind wir zum Heiligen Berg gekommen.«

Kloster Vatopediu. Es war ein paradiesischer, milder, von Gottes Barmherzigkeit erfüllter Morgen, als wir uns dem berühmten Vatopediu näherten. Als sei der fünfte Tag der Schöpfung angebrochen und Gott habe den Menschen noch nicht geschaffen, der seine Schöpfung zerstören sollte.

Allmählich ging die Sonne auf wie eine Rose, und Wölkchen erschienen wie kleine Engel am Saum des Himmels, wuchsen langsam, als stiegen sie zur Erde herab. Eine Amsel, noch mit Tautropfen am Gefieder, blieb inmitten des Weges stehen, blickte uns an, flog auch nicht weg, als sei sie keine Amsel, sondern ein guter Geist, der uns kannte.

Eine kleine Eule auf einem Stein, vom Licht verwirrt, blieb unbeweglich stehen und wartete auf die Nacht.

Wir sprachen nicht, wir spürten beide, daß hier die menschliche Stimme, mochte sie noch so lieblich und leise sein, schrill und disharmonisch klingen und den uns umgebenden Zauber zerstören würde. Wir schritten dahin und schoben die niedrigen Zweige der Pinien beiseite, die uns Gesicht und Hände mit Tautropfen besprengten. Mich erstickte fast das Glück; ich wandte mich an meinen Freund, wollte sagen: »Was ist das für ein Glück! ...«, doch ich wagte es nicht; ich wußte, dann würde der Zauber verfliegen. Ich erinnere mich, einmal hatte ich auf dem Taygetos hoch über Sparta gegen Abend einen Fuchs gesehen, der leichtfüßig, mit gestrecktem Hals und buschigem, aufrecht stehendem Schweif, dahinlief und einen langen lilafarbenen

Der Rundtempel der Athena Pronaia in Delphi. (Touropa)

Auf der Insel Mykonos. (N. Kontos)

Schatten auf die Steine warf. Ich hielt den Atem an, damit er mich nicht wittern und fliehen sollte, doch ich konnte meine Freude nicht unterdrücken, und unwillkürlich entfuhr mir ein winziger Schrei; aber der Fuchs hörte ihn und war verschwunden, ehe ich gewahr wurde, wohin.

So schien es mir auch im Leben des Menschen stets um das Glück bestellt zu sein.

Plötzlich vernahmen wir Gespräche und Lachen. Wir waren zum Kloster gelangt; zwei gutgenährte Mönche saßen auf einer Steinbank vor dem Tor und spaßten mit dem Pförtner.

Jäh blieben wir stehen, wie vor einer Schlange. Mein Freund blickte mich an, schüttelte den Kopf.

»Ein Traum war es«, sagte er, »einen Augenblick lang haben wir geglaubt, es gebe keine Menschen . . .«

»Schade«, antwortete ich, »das war das wirkliche Paradies, ein noch vollkommeneres als das andere. Nicht Mann und Frau lustwandelten unter den Bäumen Gottes, sondern zwei Freunde. Doch nicht der Engel mit dem Flammenschwert eilte herbei, sondern die menschliche Stimme, um uns zu vertreiben.«

Die beiden Mönche neckten lauthals den Pförtner, und immer wieder brachen sie in Lachen aus. Doch als sie uns sahen, verstummten sie. Sie zogen ihre Bäuche ein und standen auf.

»Willkommen mit Gottes Segen«, sagten sie und streckten ihre Hände uns zum Kuß hin.

»Ihr lebt gut, heilige Väter«, sagte mein Freund und blickte auf ihre Bäuche und ihre roten Wangen; er konnte es ihnen noch nicht verzeihen, daß sie uns eben aus dem Paradies vertrieben hatten.

»Wir haben der falschen Welt und ihren Freuden entsagt«, erklärte der eine mit dem blonden Bart.

Wir antworteten nicht. Doch der andere mit dem schwarzen Bart fuhr auf: »Was schaut ihr uns so an und wundert euch? Das Gebet nährt mehr als Fleisch.«

Sie waren herangekommen, ihr Atem roch unerträglich nach Knoblauch.

»Gehen wir hinein«, sagten wir, »zum Gebet.«

Wir hatten es eilig, diesen beiden Knoblauchmönchen zu entkommen.

Der Vorsteher, ein blauäugiger Alter mit rosiger Haut, gutgenährt, blitzsauber, mit weißem, seidenem Bart, kam uns entgegen. Er hieß uns willkommen, ging voran, wir folgten ihm; ein reiches Kloster, eine ganze Stadt mit Fremdenzimmern, mit frisch gestrichenen Türen und Fenstern, mit elektrischem Licht, mit Gärten hoch über dem Meer. Die Mönche waren gerade vom Tisch aufgestanden, saßen vor ihren Zellen und verdauten in der Sonne. Wir traten in die Kirche, beteten die berühmten Ikonen an, die Gottesmutter, die Trösterin, die Besitzerin, die Schreitende, die Vorsingende, die Ermordete, die Ölgenießende. Man öffnete für uns eine kostbare Reliquientruhe, und wir küßten den heiligen Gürtel der Gottesmutter. Ich erinnerte mich, daß zwei Mönche diesen Gürtel nach Kreta gebracht hatten, als ich ein Kind war; das Volk lief in der Kirche des Heiligen Minas zusammen und betete ihn an; und die beiden Mönche hielten einen Beutel hin, der sich mit Silbermünzen, Goldpfunden, goldenen Ohrringen und Eheringen füllte. Und ich hatte nichts der Gnadenspendenden zu geben, suchte in meiner Tasche, fand einen Griffel und warf ihn in den Beutel.

Wir gingen in den Hof, stiegen zum Gästezimmer hinauf; man hatte uns ein reiches Mahl aufgetischt mit allen Gaben Gottes.

»Wir leben gut«, meinte mein Freund, der gutes Essen schätzte, »gut, ja mehr als gut, wie vatopedische Mönche.«

»Laß uns auf die Gesundheit des bedauernswerten, armen Prodromos des Hungrigen trinken. Mit welchem Neid zählte er die Gerichte auf, die die Äbte in den Köstern aßen, und wie lief ihm der Speichel im Munde zusammen! Und wie beklagte er sich bei seinem Kaiser! Erinnerst du dich an seine Verse?«

»Und ob ich mich erinnere:

›Wenn ich, o Herrscher, an die Äbte denke,
gerate ich außer mich, und mein Geist verwelkt,
denn sie sättigen sich an den erlesenen Fischen,
mir aber geben sie den schon verwesten Thunfisch,
sie trinken übermäßig Rotwein aus Chios,
mir aber tut der Magen weh vom Essigtrinken!‹«

Er lachte, aber sofort bedeckte ein Schatten sein Gesicht. »Es ist eine Schande, daß wir lachen«, sagte er. »Dieses Kloster erdrückt mein Herz; hast du die gutgenährten Mönche gesehen? Würde Christus zur Erde niedersteigen und ginge zufällig hier vorbei, wie würde er die Peitsche über ihre Köpfe schwingen! Komm, laß uns weitergehen!«

»Wohin? Nicht nur dieses Kloster, sondern die ganze Welt – fühlst du es nicht – erdrückt unser Herz. Überall hungern die einen, während die anderen satt sich die Lippen lekken; überall gibt es Schafe und Wölfe; entweder man ißt oder wird selber gegessen. Nur ein Gesetz gibt es noch auf der Welt, das unübertretbar ist: das Gesetz des Dschungels!«

»Gibt es denn keine Rettung? Gibt es kein gutes und zugleich starkes Tier, das die anderen nicht frißt und das von den anderen nicht gefressen wird?«

»Noch nicht, es ist erst im Entstehen; ein Tier ist seit Tausenden von Jahren unterwegs zu seinem Ziel, es ist aber noch nicht angekommen.«

»Welches Tier?«

»Der Affe; wir als Affenmenschen befinden uns auf halbem Wege. Gedulde dich.«

»Gott kann sich gedulden, was kostet ihn die Zeit? Er ist unsterblich; aber der Mensch?« »Unsterblich ist auch er«, antwortete ich, »doch nicht ganz, aber das, was in ihm unsterblich ist, kann sich gedulden.«

Wir standen vom Tisch auf, stiegen zum Strand hinunter, die Sonne neigte sich zum Untergang, kein Blatt bewegte sich. Zwei Möwen mit geschlossenen Flügeln stießen mit ihrer weißen Brust hinunter auf das Meer; auch sie glücklich.

»Wohl Männchen und Weibchen«, sagte mein Freund und schaute ihnen mit Befriedigung zu.

»Oder zwei Freunde«, sagte ich, nahm einen Kieselstein und warf ihn, um sie zu trennen.

Ich lese nun als alter Mann dieses Tagebuch, ich sehe unsere donquichottischen Expeditionen von damals, unseren alten Speer, unseren brüchigen, morschen Schild, unseren blechernen Helm, und den Geist voller Edelmut und Freiheit und kann nicht lächeln. Beneidenswert ist der junge Mensch, der es als seine Aufgabe betrachtet, die Welt neu zu erschaffen, sie mehr der Tugend und Aufrichtigkeit anzupassen und seinem Herzen. Weh dem, der sein Leben ohne Irrsinn beginnt.

Wir wanderten auf dem Heiligen Berg umher, und je mehr wir von seiner Luft einatmeten, desto mehr entflammte sich unser Herz. Mein Gott, was haben wir für Entscheidungen getroffen, welche Schwüre ausgetauscht! Wie gingen wir von einem Kloster zum anderen, leichtfüßig über die Felsen, und wie fühlten wir nicht nur in unserer Phantasie, sondern körperlich, daß uns Engelsflügel trugen! So mag die Atmosphäre beschaffen sein, in der sowohl Wahnsinn als auch Heiligkeit und Heldentum entstehen. Niemals mehr in den späteren Jahren haben wir uns, mein Freund und ich, im Gespräch dieser heiligen, donquichottischen Stunden erinnert, als schämten wir uns, nicht weil die Flamme erloschen war – sie ist leider nie erloschen –, sondern weil unsere Kraft geringer als die Begierde war; wir wollten immer noch eine neue, bessere Welt erschaffen, doch sahen wir ein, daß wir es nicht vermochten. Ich gestand es mir offen ein, doch mein Freund verbarg es sein ganzes Leben lang. Darum litt er heimlich mehr als ich.

Nur eines Abends, viele Jahre später, als wir das Frauenkloster auf der Insel Spetses verließen und der Mond kugelrund, traurig aus dem Meere stieg, wandte ich mich an meinen Freund: »Angelos, erinnerst du dich?«

Er erblaßte und begriff sofort, daß ich mich an den Mond vom Heiligen Berg erinnert hatte, legte seine Hand auf meinen Mund.

»Sei still«, sagte er und beschleunigte den Schritt.

Weiter blättere ich in meinem Tagebuch.

Kloster Karakallu. Wolken verdeckten Fuß und Gipfel des Athos; in der Mitte blieb ein breiter Streifen frei, auf dem Schnee glänzte. Es begannen große Regentropfen zu fallen. Der uns vorangehende Bergführer feuerte auf einmal einen Schuß aus seinem Gewehr ab. Inmitten der Tannenbäume ertönte als Antwort die festliche Glocke des Klosters, vor dessen Schwelle der Abt mit seinem hohen Hirtenstab und den Räten erschien, um uns zu empfangen.

Wir betraten den länglichen, mit blauen und schwarzen Säulen versehenen Eßraum. Der Abt, streng, wortkarg, mit schwarzem Bart, setzte sich an den Kopf des Tisches; über ihm schaute Christus herab, streng, mit zusammengezogenen Augenbrauen, in schwarzen und grünen Farben gemalt. Von einer kleinen, hochgelegenen Kanzel verlas der Lektor, ein blasses Mönchlein, mit singender, monotoner Stimme Heiligenlegenden. Alle hatten sich über die Teller gebeugt, keiner sprach; der Abt berührte kaum sein Brot und sein Essen, dann läutete er plötzlich dreimal ein kleines Glöcklein zu seiner Rechten; alle, erst halbfertig mit dem Essen, noch kauend, sprangen auf; der Tischvorsteher lief herbei, machte einen Kniefall vor dem Abt und empfing seinen Segen. Dann machte auch der Lektor einen Kniefall und bat um Verzeihung, falls er schlecht gelesen haben sollte. Auf einem Tablett wurde nun das geweihte Brot gereicht, und jeder brach ein Stückchen davon ab und aß es ehrfürchtig.

In der Nacht konnten wir nicht einschlafen. Wir redeten miteinander. Wir sagten, der Augenblick sei reif, die Welt sei reif für eine neue Liebe Christi. Als wir heute einen

Mönch, den wir draußen vor dem Friedhof des Klosters trafen, gefragt hatten, warum man am Eingang eines Friedhofes Christus den Gekreuzigten und nicht, wie es richtiger sei, Christus den Auferstandenen darstelle, wurde der Mönch zornig.

»Der gekreuzigte Christus ist unser Christus«, antwortete er, »hast du jemals im Evangelium vom lachenden Christus gelesen? Immer nur, daß er seufze und weine, sich peitschen und kreuzigen lasse.«

Und wir, die wir heute nicht einschlafen konnten, meinten, es muß sein, die Zeit ist gekommen für den lachenden Christus, der nicht weint, der sich nicht mehr peitschen und kreuzigen läßt. Auf daß er die starken, freudigen Götter Griechenlands in sich aufnehme und vereinige. Die Zeit ist gekommen, daß der jüdische Christus Grieche wird.

»Wir werden ihn dazu bringen«, sagte mein Freund und erhob die Hand. als leiste er einen Eid.

»Wir«, bestätigte ich.

Und in jenem Augenblick glaubte ich, daß nichts der Seele des Menschen widerstehen könne.

»Wir werden uns nie mehr trennen!« rief mein Freund aus.

»Wir werden uns ins Geschirr legen wie zwei Ochsen, um die Erde zu pflügen!«

Die Jahre vergingen, dann erkannten wir: Wir hatten uns ins Geschirr gelegt, aber die Luft gepflügt.

Kloster Philotheu. Ein herrlicher Spaziergang durch den Nebel; anmutige, schlanke, hohe Silberpappeln, efeuumrankt; ein häßlicher Mönch, knochig, rothaarig, schmutzig, Ioanníkios, redete in einem fort von seiner Schwester Kallirhoe, die von Dämonen besessen sei; er selber habe auch zwei Dämonen in sich, sagte er, den einen nenne er Hodscha, den anderen Ismael. Diese Verfluchten handeln gegen Gott, gegen Ioanníkios; in der Fastenzeit wollen sie Fleisch essen, in der Nacht verleiten sie ihn, ganz leise die Stufen hinunterzugehen, um alle Speisereste zu essen, und jeden Morgen, wenn sie die Glocken hören, diese verfluchten Ismael und Hodscha, fangen sie an zu schreien: »Ich gehe nicht, ich gehe nicht, ich gehe nicht hin!«

Wir traten in den bewachsenen Hof des Klosters mit der Kirche in der Mitte; ringsherum waren Wände und Zellen geschwärzt von Feuchtigkeit und Schimmel. Wir betraten die Kirche, um die wundertätige Ikone der Gottesmutter, der Süßküssenden, anzubeten; sie lehnt mit unsagbarer

Zärtlichkeit ihre Wange an Jesu Wange, und ihre Augen schauen weit in die Ferne, unwandelbar traurig.

»Schaut ihr gut in die Augen, was seht ihr da?« fragte unser Begleiter, der Mönch.

Wir traten nahe heran, schauten.

»Nichts«, antworteten wir beide.

»Wer glaubt, sieht darin den gekreuzigten Christus«, sagte der Mönch und blickte uns streng an.

Er öffnete eine silberne Reliquientruhe, worin ein langer Knochen lag.

»Betet dies an! Es ist die rechte Hand des Chrysostomos. Bekreuzigt euch!«

Kloster Hagias Lavras. Frühmorgens brachen wir auf. Wir konnten es nicht erwarten, die berühmte große Lavra zu sehen, das Kloster, das der tragische Kaiser Nikephoros Phokas erbaute, weil er sich sehnte, die Krone abzulegen und dort als Asket Zuflucht zu suchen. Doch die andere Sehnsucht, nach der Frau, ließ ihn nicht dazu kommen, und immer wieder schob er es hinaus . . ., bis ihn das Schwert seines treuesten Freundes enthauptete.

Wir kommen an; zwei riesige Zypressen stehen im Hof; die eine hatte der geistliche Vater des Nikephoros Phokas, der heilige Athanasios, gepflanzt, die andere sein Schüler Euthymios. Der Athos hing schneebedeckt über dem Kloster wie der Pantokrator.

Man führte uns in die Sakristei und zeigte uns mit Stolz die Schätze des Klosters: den Schädel Basilios' des Großen, das Kinn Theodoros' des Heerführers, die linke Hand des Chrysostomos und eine Anzahl anderer Gebeine. Man öffnete für uns den berühmten, mit Edelsteinen und Perlen geschmückten Kreuzesbehälter, in dem ein großes Stück vom heiligen Holz des Kreuzes Christi lag. Die Stimme des Mönches zitterte vor Bewegung, und ich dachte an das Wort eines echten Christen: »Alle Hölzer sind heilig, denn aus allen kann man ein Kreuz fertigen.« Dann zeigte man uns die über und über goldene, mit Seidenrosen und Lilien bestickte Uniform des Nikephoros Phokas und seine goldene Krone voller großer grüner und roter Edelsteine und das eigenhändig von ihm geschriebene Evangelium . . . und eine Menge alter, wurmstichiger Bücher.

Wir wunderten uns, wir schrien auf vor Erstaunen, mein Freund und ich, doch all dies berührte unser Herz nicht.

Stärker und mit größerer Dankbarkeit erinnere ich mich an den Duft der beiden blühenden Mispelbäume am Eingang der Bibliothek. Mein ganzer Körper erfreute sich des lieblich-würzigen Duftes der Mispelblüte, berauschender als Wein, Frauen und alle Pracht der Welt.

Am nächsten Tag, bevor es tagte, begannen wir, den Gipfel des Athos zu besteigen. Die Glocke im Außenhof hatte noch nicht geläutet, die Vögel waren noch nicht erwacht, der Himmel war völlig klar, milchig, und im Osten glänzte der Morgenstern wie ein sechsflügeliger Seraph.

Pater Lukas, ein kleiner, krummbeiniger Alter und ehemaliger Schmuggler, ging voran, um uns den Weg zu zeigen.

Ab und zu blieb er stehen und begann ein Gespräch, über Meere, Festgelage und über Gefechte mit den Türken. Sein ganzes weltliches Leben lebte wie ein Märchen in ihm, als sei es in einer anderen Welt gewesen, einer wilderen und gefährlicheren, voll lärmender Stimmen, Flüche und Frauen. Er erzählte sein Märchen immer und immer wieder, er erlebte es stets von neuem und erfreute sich daran. Er hatte allem entsagt und doch alles mitgenommen, in seine Kutte gehüllt.

Im Schatten einer großen Tanne blieb er stehen. Er wollte ein Gespräch anfangen.

»Laßt uns ein bißchen rasten, Kinder«, meinte er, »uns ein bißchen ausruhen. Laßt uns ein paar Worte wechseln. Ich halte es nicht mehr aus.«

Er zog einen Tabaksbeutel, der in seinem Gürtel versteckt war, heraus, drehte sich eine Zigarette, begann zu erzählen. »Ich, den ihr heute in der Kutte seht, hieß einmal Leonidas; Kapitän Leonidas aus Kalymnos, von den Türken gefürchtet. Ich habe als großer Schmuggler ein tolles Leben hinter mir. Wieso ich nun dazu kam, Mönch zu werden? Das werde ich euch an einem anderen Tag erzählen; in mir ist der Schmuggler noch nicht gestorben; wie sollte er auch, da ich ihn nähre und tränke wie einen König, obwohl er wiederum in mir in Ketten liegt wie ein Schiffsköter. Ißt der Mönch Lukas im Kloster-Eßgemach mit den Mönchen Brot und Oliven, so deckt er, wenn er in seine Zelle zurückgekehrt ist und die Tür verriegelt hat, den Tisch für Leonidas und ißt Fleisch. Denn wir sind ja nicht einer, sondern zwei; versteht ihr? Das wollte ich euch sagen; denn gestandene Sünde ist keine Sünde. Ich habe es nun gesagt, und es ist mir leichter. Gehen wir jetzt weiter.«

»Bravo, Kapitän Leonidas!« sagte mein Freund lachend. »Du hast Ungleiches gleichgemacht. Ist dir aber niemals der

Verdacht gekommen, daß all das vielleicht vom Teufel stamme?«

»Natürlich«, antwortete der Mönch, und sein Auge blitzte vor Schlauheit. »Jeden Morgen habe ich den Verdacht, doch wenn der Mittag kommt, vergesse ich ihn.«

»Du mußt einen Knoten in dein Taschentuch binden, damit du dich daran erinnerst«, sagte ich.

Er zog tief an seiner Zigarette, aus seinen Nasenlöchern kam Rauch.

»Ich habe kein Taschentuch«, sagte er.

Wir setzten unseren Anstieg fort; Pinien, Tannen, fürchterliche Abgründe, und im milden Morgenlicht erstreckte sich unter uns das heute friedliche Meer. Je heller es wurde, um so deutlicher erkannten wir die fernen göttlichen Inseln Imbros, Lemnos, Samothrake, die auf den Wellen dahinzugleiten schienen, kaum daß sie das Meer berührten.

Wir gelangten in die Schneeregion. Pater Lukas ging langsam und vorsichtig, wir hingegen glitten oft aus und stürzten zu Boden; mühselig kamen wir auf dem vereisten Schnee voran: ein unmenschlicher, abgründiger Berg! Mein Freund, der vor mir ging, blieb plötzlich stehen, blickte hinunter in einen tiefen, endlosen Abgrund. Es wurde ihm schwindlig, und bleich wandte er sich zu mir:

»Laß uns umkehren«, murmelte er.

»Wäre das nicht ein Schande?« sagte ich leise und sah ihn vorwurfsvoll an. Ich wollte gern auf den Gipfel gelangen.

»Ja, das ist es«, murmelte er beschämt, »gehen wir weiter!«

Die Sonne stand bereits hoch, als wir den Gipfel betraten. Beide außer Atem vor Müdigkeit, doch mit strahlenden Gesichtern, weil wir das Ziel erreicht hatten.

Wir betraten die Kapelle der Verklärung Christi, um zu beten. Pater Lukas aber machte Feuer an mit dem Kleinholz, das er unterwegs gesammelt hatte, entnahm seinem Rucksack das Nötige, um Kaffee bereiten zu können. Wir kauerten zusammen hinter einem Fels, denn es war windig, und wir froren. Wir sahen vor uns das unendliche, stumme Meer, die Inseln, die schneeweiß dahinschwammen, und ferne unbekannte Berge, die die Atmosphäre bleiern färbten.

»Von diesem heiligen Gipfel aus, so sagt man, kannst du Konstantinopel sehen!« erklärte Lukas und riß die Augen auf gen Osten, um die Königshauptstadt zu erspähen.

»Hast du sie jemals gesehen, Pater Lukas?«

Der Mönch seufzte.

»Nein, ich bin nicht für würdig befunden worden. Scheinbar genügen die Augen des Körpers nicht; man muß auch die der Seele besitzen, und meine Seele ist leider kurzsichtig.«

»Gott siehst du aber«, sagte ich.

»Nun«, antwortete der Mönch, »dazu braucht man keine Augen; Gott ist uns viel näher als unsere Leber und unsere Lunge.«

Mein Freund war traurig, er sagte nichts. Sicherlich wollte er seinem Körper nicht verzeihen, daß er einen Augenblick gezagt hatte. Plötzlich konnte er nicht mehr an sich halten; er ergriff meine Hand und drückte sie kräftig.

»Ich bitte dich«, sagte er, »vergiß es; ich schwöre, es wird nicht wieder vorkommen.«

Iosaphäer, 6. Dezember. Wir haben meinen heutigen Namenstag in der berühmten Malerwerkstatt der Iosaphäer verbracht. Es leben dort zehn malende Mönche. Eine Woche lang versieht einer von ihnen den Haushalt, kehrt, wäscht, kocht, während die anderen malen.

Aus dieser Werkstatt kommen die gutgekämmten, gutgenährten Christusse, die hübschen, reichgekleideten Gottesmütter, die rosenwangigen, zufriedenen Heiligen, an denen man keine Heiligkeit erkennt – richtige Abziehbilder –, und gehen bis in die fernsten Glaubensbezirke. Es sind gutmütige, wohlgesinnte Mönche, gastfreundlich, aufgeschlossen; sie lieben gutes Essen, guten Wein und kastrierte Kater. Stundenlang saßen wir nach dem Essen um den großen brennenden Kamin und redeten miteinander, wir über weltliche Dinge, sie über die himmlischen. Pater Akakios, dick, klein, mit geschwollenen Füßen, malte den ganzen Tag den heiligen Antonius; und jetzt streichelte er einen dicken schwarzen Kater auf seinem Schoß und erzählte uns feierlich von dem wilden Eremiten.

»Eines Tages kam ein Mädchen und sagte zu ihm: ›Alle Gebote Gottes habe ich gehalten, ich vertraue auf Gott, er wird mir das Paradies öffnen.‹ Der heilige Antonius fragte sie: ›Ist dir die Armut Reichtum geworden?‹ – ›Nein, Abbé.‹ – ›Ist dir die Ehrlosigkeit Ehre geworden?‹ – ›Nein, Abbé.‹ – ›Auch nicht die Feinde Freunde?‹ – ›Nein, Abbé.‹ – ›He, dann geh und arbeite, Unglückliche, denn du besitzt nichts.‹«

Ich sah den gutmütigen Akakios an, der vom vielen Essen und von der reichlichen Wärme des Kamins und von der fürchterlichen Erinnerung an den Asketen schwitzte, und dachte, was für einen rosenwangigen Antonius er wohl den ganzen Tag gepinselt haben mochte. Und der satanische Wunsch ergriff mich, ihm zu sagen: Geh und arbeite, Unglücklicher, denn du besitzt nichts. Eine Rinde aus Speck, Gewohnheiten und Feigheit umgeben deine Seele, und sie sehnt sich in der Tiefe ihres Gefängnisses nach ganz anderen Dingen als nach Speck, Gewohnheiten und Feigheit. Doch ich sagte nichts; aus Feigheit.

In der Nacht, als wir uns schlafen legten, gestand ich es meinem Freund.

»Du wirst es wohl aus Höflichkeit getan haben«, meinte er, »nicht aus Feigheit; aus Mitleid, um einem so guten Menschen nicht weh zu tun; vielleicht auch aus der Überzeugung, daß du vergeblich sprechen würdest.«

»Nein – nein«, widersprach ich, »auch wenn es so wäre, wie du meinst, wir müssen diese kleinen Tugenden überwinden, Höflichkeit, Mitleid, Zweckmäßigkeit; ich fürchte mich vor den kleinen Tugenden mehr als vor den großen Bosheiten, denn sie haben ein schönes Gesicht und verleiten uns leicht. Doch ich will das Schlechteste annehmen, daß ich es aus Feigheit tat, um meine Seele zu beschämen, auf daß sie es nie wieder tue.«

Am nächsten Morgen, in der Glasveranda der Einsiedelei, inmitten der rosenwangigen gemalten Heiligen und der rundlichen Gottesmütter, tranken wir mit den zehn soutanetragenden Malern Milch und kauten die schmackhaften Weizenzwiebäcke und die reichlichen Zugaben. Durch die großen Fenster drang sehr mild die Wintersonne und der honigsüße Duft der Pinien. Wir redeten, wir lachten; das war hier nicht der Heilige Berg, hier war Christus auferstanden und lachte mit uns. Die Mönche erzählten von den Wundern der Heiligen, doch ihre Augen flackerten, als glaubten sie und glaubten sie nicht, und ihr Gesicht wurde von einem fernen Widerschein überstrahlt.

Der jüngste Maler, Pater Agapios, mit dem schwarzen, glänzenden Bärtchen und den roten Lippen, streckte die Hand aus und zeigte uns eines seiner Gemälde, das an der gegenüberliegenden Wand hing.

»Es ist der große Asket Arsenios«, sagte er, stolz auf sein Werk, »und die Frau, die ihr zu seinen Füßen knien seht, ist eine hübsche Römerin, eine Edelfrau, die Berge und Meere durchquerte, um als Pilgerin zu ihm zu gelangen. Doch der Asket, seht, zeigt mit seinem Finger auf das Meer und zieht die Augenbrauen zusammen. Ich will damit darstellen, daß er erbost ist und sie verjagt: ›Geh‹, sagt er zu ihr, ›und sage niemandem, daß du mich getroffen hast; denn das Meer wird dann ein Weg werden, und Frauen werden in meine Einsamkeit kommen.‹ – ›Bete für mich‹, fleht ihn die Frau an. – ›Ich werde Gott bitten, Frau‹, antwortete der Asket, ›daß ich dich vergesse.‹« – Der Maler wandte sich uns zu und blickte uns schelmisch an.

»Was heißt das?« fragte er. »Ich werde zu Gott beten, daß ich dich vergesse . . .?«

Wir begriffen nicht, was der Mönch im Sinn hatte. Wir schwiegen.

»Das heißt, daß der Asket ins Netz der schönen Frau gegangen ist und daher bei Gott Hilfe sucht, um sie zu vergessen.«

»Hat er sie denn vergessen?« fragte mein Freund und zwinkerte mit dem Auge.

»Kann man so etwas vergessen?« antwortete er.

Doch sofort zuckte er unter dem strengen Blick des alten Habakuk zusammen, bereute, daß ihm das Wort entschlüpft war, und biß sich auf die dicken, roten Lippen. Kloster Ajiu Pavlu. Herrliche Bootsfahrt zum Kloster Ajiu Pavlu. Tausendfarbig das Meer, leicht blau und grün und wie Perlmutt. Herabhängende Felsen, dunkelrot wie Blut, dunkle Höhlen und wilde Tauben und plötzlich schneeweiße, flache Strandbuchten.

Mein Freund war heute sehr guter Laune; das Boot wurde von seinem dröhnenden Lachen erschüttert. Ich schlug ihm vor, mich auf chinesisch zu beschimpfen, und sofort ließ er erstaunlich geistesgegenwärtig und mit zornigem Gesicht einen Strom angeblich chinesischer Wörter auf mich niederprasseln. Es machte mir solchen Spaß, daß mir das Boot zu eng erschien.

»Und jetzt eine Liebeserklärung auf Negerart«, bat ich.

Sogleich begann er unbändig leidenschaftlich einer unsichtbaren Negerin seine Liebe zu gestehen. Und so langten wir mit Windeseile am Kai des Klosters Ajiu Pavlu an und schlugen den beschwerlichen Pfad zum Kloster ein.

Der Pförtner, ein schlauer, witziger Alter, stammte aus Kephalonia; den ganzen Tag saß er hinter der Tür und schnitzte mit einem Taschenmesser kleine Christusgestalten, Heilige und Teufelchen aus Holz, um sich damit die Zeit zu vertreiben.

Er betrachtete uns aufmerksam, lachte.

»Was sucht ihr hier, komische Wanderer?« fragte er.

»Wir wollen anbeten, Ehrwürden.«

»Was anbeten? Seid ihr von Sinnen?«

»Das Kloster!«

»Welches Kloster? Es gibt kein Kloster mehr! Das Kloster ist die Welt; kehrt zurück in die Welt, hört auf meinen guten Rat!«

Wir starrten ihn aufgesperrten Mundes an, so daß wir wohl sein Mitleid erregten.

»Ich spaße ja nur«, sagte er, »geht hinein, seid willkommen!«

Wir schauten uns die Zellen rings um den Hof an; der Mönch streckte seine Hand aus.

»Das Bienenhaus Gottes«, sagte er sarkastisch. »Hier sind die Zellen. Einst waren sie von Bienen bewohnt, die Honig erzeugten; jetzt sind Drohnen darin mit einem Stachel, Gott bewahre dich davor«, sagte er und brach in Lachen aus.

Wir brachten kein Wort heraus, unser Herz war bedrückt. So hatte sich das heilige Kloster seines Inhalts entledigt, so waren die Mönche zu leeren Schalen geworden, der heilige Schmetterling hatte ihr Inneres verlassen. Wir stiegen müden Fußes die steinerne Treppe empor, die zum Empfangsraum führt; mein Freund packte mitleidig meinen Arm.

»Geduld«, sagte er, »gräme dich nicht. Wenn nur unsere Seele gesund bleibt, wenn sie nur nicht versagt; denn wenn einige bestimmte Seelen auf der Welt versagen, wird sie zugrunde gehen; sie sind nämlich die Säulen, die sie tragen. Es sind wenige, doch sie genügen.« Er schüttelte mich kräftig.

»Halt fest, armes Messolongi!« sagte er und lachte.

Wir traten in den Empfangsraum. Fünf bis sechs imposante Mönche, die Räte, saßen ringsum, die Hände über ihren Bäuchen gefaltet; in ihrer Mitte, vornehm, krausbärtig, mit weibischem Gesicht und weißen Händen und einer seidenen Mütze auf dem Kopf, thronte der Abt. Er streckte uns fast kokett die Hand zum Kusse hin und fragte, wie es draußen auf der Welt bestellt sei, ob wir Zeitungen mitbrächten.

»Und was macht England?« fragte einer der Räte. »Was macht Deutschland? Wird es Krieg geben?«

»Hoffentlich gibt es Krieg«, meinte ein anderer und zwinkerte seinem Nachbarn zu, »auf daß der Deutsche sich den Schädel einrenne.«

Als ein großer, dicker Mönch dies hörte, stieß er seinen Stuhl zurück, sprang hoch.

»Der Deutsche wird sie alle zusammen schlagen, Engländer, Franzosen, Russen. Wenn nicht, könnt ihr mir die Nase abschneiden! Der Deutsche ist der Messias von heute; er wird die Welt erretten!«

»Setz dich nieder, Germanos«, sagte der Abt, hielt seine weiße Hand vor den Mund, um das Lachen zu unterdrücken, und wandte sich an uns.

»Hört nicht auf ihn«, sagte er, »er heißt Germanos (*Deutscher*), dadurch wurde er Germanophile, und die Brüder machen sich über ihn lustig.«

Doch nun, da das Gespräch sich zu beruhigen begann, wurde die Tür durch einen Fußtritt aufgestoßen und ein großer, knochiger Mönch mit einer Kopfverletzung stürzte, außer sich vor Erregung, herein. Das Blut floß ihm über den Bart und die zerrissene Kutte.

»Heiliger Abt«, schrie er, »schau, wie die Antichristen mich zugerichtet haben, weil ich dir vorgestern bei den Wahlen meine Stimme gab.«

Der Abt stand auf, war bleich geworden.

»Geh hinaus«, rief er ihm zu, »siehst du nicht, daß wir Fremde hier haben!«

Doch der Mönch wollte nicht weichen. Er wies seine zerfetzte Mütze vor, von der das Blut tropfte:

»Ich werde sie an die Ikone des heiligen Paulus hängen, auf daß er sehe, wie sehr sein Kloster heruntergekommen ist.«

Die Räte erhoben sich aufgeregt, versuchten erst im guten ihn zu besänftigen, aber als er Widerstand leistete, schleppten sie ihn hinaus. Wir benutzten die Gelegenheit, uns mit den Mönchen davonzuschleichen, stiegen in den Außenhof hinab und schritten dort wortlos auf und ab. Der Pförtner entdeckte uns, begriff, ließ seine kleinen Heiligen und Teufelchen liegen und kam fröhlich zu uns.

»Regt euch nicht auf, Jungens«, sagte er. »Habt ihr Pater Innocentius gesehen? Seinen Kopf haben sie zertrümmert, doch keine Sorge, er wird wieder zusammenwachsen. Es ist nicht das erste Mal.«

»Geschieht so etwas oft im Kloster?« fragte mein Freund. »Dringt also auch hier der Versucher ein?«

»Wo sollte er denn sonst eindringen, mein Junge. Du kannst tun, was du willst, er findet immer einen Spalt. Einmal, so erzählt man sich, gab es ein Kloster mit dreihundertfünfundsechzig Mönchen. Jeder Mönch mit drei Armeen und drei Pferden ausgerüstet, einem Schimmel, einem Fuchs und einem Rappen. Dreimal umritten sie das Kloster, um dem Teufel den Eingang zu verwehren, morgens mit den

Schimmeln, mittags mit den Füchsen und abends mit den Rappen.«

»Nun, und«, fragte mein Freund, »ist er doch eingedrungen?«

Der durchtriebene Mönch lachte verschmitzt.

»Willst du mit mir scherzen?« antwortete er. »Während der Zeit, da sie mit den Pferden das Kloster umritten, war der Teufel drinnen, er saß auf dem Abtthron; er war der Abt.«

»Hast du jemals, heiliger Pförtner, den Teufel gesehen?« fragte wiederum mein Freund.

»Und ob ich ihn gesehen habe! Natürlich habe ich ihn gesehen.«

»Wie sieht er aus?«

»Bartlos, mollig, zarthäutig, zwölf Jahre alt.«

Er schwieg, sah uns an, zwinkerte uns zu.

»Habt ihr unseren heiligen Abt gesehen? Wie gefällt er euch? Seinen Segen sollt ihr haben!«

Er brach in Lachen aus, verließ uns wieder und verschanzte sich hinter dem Tor.

Fünf bis sechs Mönche umringten uns und bemühten sich, uns Innocentius' eingeschlagenen Kopf vergessen zu machen. Sie nahmen uns mit, damit wir die heiligen Reliquien und die Geschenke der Heiligen Drei Könige, Gold, Weihrauch und Myrrhe, anbeten konnten, die feierlich in einer silbernen Kassette aufbewahrt lagen. Sie gaben uns diese Kostbarkeiten zu riechen, die so viele Jahrhunderte schon dufteten; es sei ein großes Wunder, meinten sie.

Als wir wieder in den Hof hinauskamen und allein blieben, winkte uns der Pförtner zu sich; wir traten hinzu.

»Na, sie riechen, nicht wahr?« sagte er kichernd. »Ein großes Wunder! Wenn man Kölnischwasser daraufschüttet, riechen sie nach Kölnischwasser. Wenn man Parfüm daraufschüttet, riechen sie nach Parfüm. Schüttet man Benzin darauf, so riechen sie nach Benzin. Ein großes Wunder! Wonach haben sie heute gerochen?«

»Nach Rosen«, sagte mein Freund.

»Ha, da haben sie also Rosenwasser daraufgeschüttet.«

Er beugte sich über das Holz, das er gerade bearbeitete, schüttelte sich vor Lachen.

»Geht jetzt, daß man euch nicht mit mir sprechen sieht; man hält mich für halbirre, und ich halte sie für Scharlatane. Schließlich wird uns alle der Teufel holen!«

Kloster Dionysiu. Frühmorgens stiegen wir in das Boot mit Richtung auf das Kloster Dionysiu.

Es sei das strengste Kloster des Heiligen Berges, erklärte Pater Benedikt, unser Bootsmann. »So gute Laune du auch hast, vermagst du doch nicht zu lachen, so viel Wein du auch trinkst, vermagst du doch nicht, dich zu betrinken in diesem Kloster.« Und man habe einen Lorbeerbaum im Hof gepflanzt, von dem jedes Blatt den gekreuzigten Christus abbilde, was man bei näherem Betrachten erkennen könne.

Ein Bischof fuhr mit bis zum Hafen, um den Heiligen Berg zu verlassen.

»Das ganze All, Pater Benedikt«, sagte er, »ist ein Kreuz, an dem Christus gekreuzigt hängt. Nicht nur die Blätter des Lorbeerbaumes, sondern auch du und ich und sogar die Steine.«

Ich konnte mich nicht mehr zurückhalten.

»Ich dagegen – Verzeihung, mein Bischof –«, widersprach ich, »sehe überall den auferstandenen Christus.«

Der Bischof schüttelte den Kopf.

»Du hast es eilig, mein Sohn«, sagte er, »wir alle werden den auferstandenen Christus sehen, doch erst nach dem Tode, jetzt solange wir leben, durchlaufen wir die Passionsgeschichte.«

Ein Delphin sprang dicht vor uns aus dem ruhigen Wasser; und sein fester, biegsamer, kraftvoller Rücken erglänzte in der Sonne. Er tauchte, kam wieder empor, sprang voller Freude, als gehöre ihm das Meer. Plötzlich erschien in der Ferne ein weiterer Delphin, schwamm auf den anderen zu, sie trafen sich, spielten miteinander und schwammen dann aufs Meer hinaus, der eine neben dem anderen, tänzelnd, mit erhobenem Schwanz. Ich freute mich darüber, streckte die Hand aus und zeigte auf die beiden Delphine.

»Gekreuzigt oder auferstanden?« sagte ich triumphierend. Doch der Bischof blieb seine Antwort schuldig.

Wir kamen zum Hafen des Klosters Dionysiu. Beim Eintritt in den Außenhof blieben wir erschrocken stehen. Es war, als seien wir, wie Schwerbestrafte, in ein feuchtes, dunkles Gefängnis gelangt; ringsum niedrige schwarze Säulen und zwischen ihnen die Bögen dunkelorange gestrichen. Die Wand war bedeckt mit düsteren Darstellungen aus der Apokalypse – Teufel und Höllenfeuer und Dirnen, aus deren Brüsten Blut strömte, und fürchterliche, gehörnte Drachen: die sadistische Sucht der Kirche, den Menschen nicht durch die

Liebe, sondern durch Drohung und Schrecken zum Paradies zu führen.

Der Empfangsmönch, der die Fremden zu betreuen hatte, kam uns entgegen und bemerkte unser Entsetzen beim Betrachten der Wandgemälde. Er sah uns, gutgekleidet, gutgenährt, in der Blüte unserer Jugend stehen. Haß schien sein Herz zu füllen und Bosheit lag auf seinen dünnen, bleichen Lippen, als er sagte: »Reißt nur eure Augen auf, verzieht nicht das Gesicht; schaut! Schaut es euch an! Voller Teufel und Feuer und Huren ist der Leib des Menschen. Diese ekelerregenden Dinge, die ihr seht, sind nicht das Totenreich, es sind die Eingeweide des Menschen.«

»Aber der Mensch wurde als Ebenbild Gottes geschaffen«, widersprach mein Freund, »Er ist nicht nur dieses Ekelerregende, er ist auch noch anderes.«

»Er war es«, schrie der Mönch, »er war es, er ist es nicht mehr; die Seele wurde in der Welt, in der ihr lebt, zu Fleisch. Sünde umfängt sie und saugt sie aus.«

»Was sollen wir dann tun, ehrwürdiger Alter«, sagte ich, »gibt es kein Tor, das zur Rettung führt?«

»Das gibt's, das gibt's; doch es ist schmal, dunkel und gefahrvoll; man gelangt nicht leicht hindurch.«

»Welches ist das Tor?«

»Hier ist es!« Er streckte die Hand aus, deutete auf das Tor des Klosters.

»Noch sind wir nicht bereit dazu«, sagte mein Freund, dem die Worte des Mönchs auf die Nerven gingen, »später, wenn wir alt sind und unsere Lebensgier sich gelegt hat; auch das Fleisch ist Gottes.«

Ein giftiges Lächeln zeichnete sich auf den Lippen des Mönches ab.

»Das Fleisch ist des Teufels«, ereiferte er sich, »nur die Seele ist Gottes, vernehmt es, Abgesandte der Welt!«

Er hüllte sich fest in seine Kutte, als fürchte er, mit uns in Berührung zu kommen, und verschwand unter einem der orangefarbenen Bögen. Wir blieben allein zurück inmitten des Hofes.

»Gehen wir«, sagte mein Freund, »hier wohnt Christus nicht, du siehst es.«

Zwei, drei Zellen öffneten sich, knochige Mönche traten heraus, blickten uns an, murmelten etwas und schlossen die Türen hinter sich.

»Hier gibt es keine Liebe«, fuhr mein Freund fort. »Laß uns gehen.«

»Empfindest du kein Mitleid mit ihnen?« fragte ich. »Was

Origorion, eines der Klöster auf dem Hl. Berg Athos.
(Dr. Alfred Stroede)

Meteora-Kloster (N. Kontos)

würdest du dazu sagen, wenn wir einige Tage hierblieben und den wahren Christus verkündeten?«

»Denen? Unmöglich! Verlorene Mühe!«

»Nichts geht verloren. Wenn sie nicht gerettet werden, werden wir es sein, indem wir Unmögliches wagen.«

»Sprichst du im Ernst?« sagte mein Freund und schaute mich erstaunt an.

»Ach, wenn ich es nur wüßte!« antwortete ich, und auf einmal ergriff mich große Traurigkeit. »Ach, wenn ich nur könnte! Mein Herz sagt: Bist du ein wahrer Mann, so bleibe hier, beginne den Krieg! Doch der Verstand, der Teufel, läßt es nicht zu.«

Zwei der Mönche wagten näher zu treten, führten uns ins Kloster. Wir sahen den heiligen Christophorus in einem Wandgemälde mit dem Kopf eines Keilers; sie deuteten auf seine Riesenhauer. Sie hießen uns die rechte Hand Johannes' des Vorläufers anbeten. Am Altar befanden sich zwei feuerrote Seraphim mit weißen Füßen, die sich wie zwei Flammen auf die grüne Erde stürzten. In jeder Hand hielten sie zwei Speere. Links an der Wand saß eine Madonna zwischen zwei Engeln, halbrechts grüne Bäume mit Vögeln, und hinter jedem Engel eine schlanke Zypresse; oben in der Kuppel der Pantokrator, aus dessen Mund sich ein Band großer roter Schrift entrollte. Die Mönche zeigten auf den Pantokrator:

»Könnt ihr die Schrift erkennen? Liebet euch. Sagst du es dem Menschen, blüht er nicht. Wir werden alle zur Hölle fahren.«

Der Friedhof – schlicht und anmutig – lag wie ein Balkon hoch über dem Meer, fünf bis sechs vom Wind und Salzdunst zerfressene Holzkreuze bergend.

Plötzlich flog ein Schwarm weißer Tauben auf das Meer hinaus. Der eine Mönch reckte seine Hand mit räuberischer Geste empor, als wollte er sie fangen. In seinen Augen standen Mordlust und Hunger.

»Mann, hätte ich doch bloß ein Gewehr!« entfuhr es ihm, und seine Zähne knirschten vor Gier.

Unsere Pilgerfahrt ging zu Ende. Am Tag vor der Abreise stieg ich in Karulia allein zu den einsam gelegenen Einsiedeleien hinauf zwischen den steilen Felsen hoch über dem Meer.

Dort leben und beten für die Sünder der Welt die wildesten und heiligsten Asketen des Heiligen Berges, jeder fern von dem anderen, um dem Trost menschlicher Nähe zu entgehen. Sie lassen ein kleines Körbchen ans Meer hinunter, und die Fischer, die mit ihren Booten zufällig vorbeifahren, werfen etwas Brot, Oliven und was sie sonst bei sich haben, hinein, damit die Asketen nicht vor Hunger sterben. Viele dieser entrückten Asketen verfallen dem Wahnsinn; sie glauben, Flügel seien ihnen gewachsen, versuchen sich über dem Abgrund in die Lüfte zu erheben und stürzen in die Tiefe. Unten am Strand liegen viele Gebeine.

Zu jener Zeit lebte unter diesen Eremiten, wegen seiner Heiligkeit berühmt, Makarios der Spileotis *(Höhlenbewohner)*. Um ihn zu besuchen, war ich aufgebrochen; von dem Augenblick an, da ich meinen Fuß auf den Heiligen Berg gesetzt hatte, stand der Entschluß bei mir fest, ihn aufzusuchen, mich über seine Hand zu beugen, sie zu küssen und ihm zu beichten. Nicht meine Sünden; ich glaubte nicht, viele begangen zu haben – also nicht meine Sünden, sondern den teuflischen Hochmut, der mich oft verleitete, frevelhaft über die sieben Sakramente und die zehn Gebote zu sprechen und eigene zehn Gebote aufstellen zu wollen.

Ich kam gegen Mittag bei den Einsiedeleien an; schwarze Löcher am steilen Hang, Eisenkreuze auf den Felsen; ein skelettartiger Mensch trat vor seine Höhle, ich erschrak. Als sei das Jüngste Gericht schon gekommen und dieses Skelett sei auferstanden, ohne fleischliche Hülle in der Eile angezogen zu haben. Entsetzen und Ekel ergriffen mich und gleichzeitig eine heimliche, unsagbare Bewunderung. Ich wagte nicht, mich ihm zu nähern, ich fragte von weitem nach Makarios. Er streckte seine vertrockneten Arme wortlos aus und deutete auf eine dunkle Höhle hoch über dem Abgrund. Ich begann weiter zu klettern, spitze Felsen ritzten meine Haut. Schließlich gelangte ich zu der Höhle, duckte mich und blickte hinein: Erd- und Weihrauchgeruch, tiefe Dunkelheit. Langsam konnte ich einen kleinen Wasserkrug rechts in einer Felsspalte erkennen, nichts anderes. Ich wollte rufen, doch die Stille in dieser Finsternis schien mir so heilig zu sein, so aufregend, daß ich es nicht wagte. Die Stimme des Menschen kam mir hier wie eine Entweihung vor. Dann hatten sich meine Augen an die Finsternis gewöhnt, ich fing an, die Umrisse zu unterscheiden, und da erschienen, wie ein blasser Phosphorschein, ein bleiches Gesicht und zwei skelettartige Arme, die sich in der Tiefe der Höhle bewegten.

Eine milde, matte Stimme erklang:

»Sei willkommen!«

Ich nahm meinen ganzen Mut zusammen, trat ein, ging

auf die Stimme zu. Der Asket lag zusammengekrümmt auf dem Boden, hatte den Kopf erhoben. Im Halbdunkel schimmerte sein bartloses, von durchwachten Nächten und Hunger verzehrtes Gesicht mit leeren, in unsagbare Seligkeit versunkenen Augen; seine Haare waren ausgefallen, der kahle Schädel glänzte.

»Deinen Segen, Vater«, bat ich und beugte mich nieder, um die knochige Hand zu küssen.

Eine Zeitlang schwiegen wir; ich betrachtete gierig diese Seele, die den zu ihr gehörenden Körper zum Verschwinden brachte, weil er auf ihren Flügeln lastete und den Aufstieg zum Himmel hinderte. Die gläubige Seele ist ein unbarmherziges, menschenfressendes Ungeheuer; Muskeln, Augen, Haare, alles hatte sie ihm verzehrt.

Ich wußte nicht, wie ich zu reden beginnen sollte. Wie ein Feld nach einer fürchterlichen Schlacht lag dieses Wrack eines Körpers vor mir. Ich erkannte auf ihm die Schrammen und Bisse des Teufels.

Ich wagte es schließlich.

»Ringst du noch immer mit dem Teufel, Vater Makarios?« fragte ich ihn.

»Nein, mein Sohn, jetzt bin ich alt geworden und er mit mir; er hat keine Kraft mehr. Ich ringe mit Gott.«

»Mit Gott?« fragte ich erstaunt. »Und du hoffst zu siegen?«

»Ich hoffe besiegt zu werden, mein Sohn, noch sind mir diese Knochen geblieben; sie widerstehen.«

»Dein Leben ist schwer, ehrwürdiger Alter. Auch ich möchte erlöst werden. Gibt es keinen anderen Weg?«

»Einen bequemeren?« fragte der Asket und lachte mitleidig.

»Einen menschlicheren, ehrwürdiger Alter.«

»Es gibt nur einen Weg.«

»Wie heißt er?«

»Emporsteigen, eine Stufe nach der anderen, vom Sattsein zum Hunger, vom Erfrischtsein zum Durst, von der Freude zum Leid, auf dem Gipfel des Hungers, des Durstes, des Leides sitzt Gott, auf dem Gipfel des guten Lebens der Teufel. Wähle!«

»Ich bin noch jung; die Erde ist schön. Ich habe Zeit, zu wählen.«

Der Asket streckte die fünf Knochen seiner Hand aus, berührte heftig mein Knie:

»Erwache, mein Sohn, erwache, bevor dich der Tod erweckt.«

Ich schauderte.

»Ich bin jung«, sagte ich wieder, um mir Mut zu machen.

»Der Tod liebt die Jungen; die Hölle liebt die Jungen; das Leben ist nur eine kleine brennende Kerze, schnell erlischt sie, gib acht, wach auf!«

Er schwieg einen Augenblick und fuhr fort:

»Bist du bereit?« sagte er.

Empörung ergriff mich und Trotz. »Nein«, rief ich aus.

»Jugendlicher Frevel! Du brüstest dich noch damit. Schrei nicht so, fürchtest du dich denn nicht?«

»Wer fürchtet sich nicht? Ich fürchte mich, ja. Und du, heiliger Vater, fürchtest du dich nicht? Du hast Hunger, Durst gelitten, du hast Leid gespürt, stehst fast auf der obersten Stufe der Leiter, hast das Tor des Paradieses erblickt; doch wird dieses Tor aufgehen, auf daß du eintrittst? Wird es aufgehen? Bist du sicher?«

Zwei Tränen rollten aus seinen Augenhöhlen, er seufzte, und bald darauf sagte er:

»Ich bin der Güte Gottes sicher, sie überwindet und verzeiht die Sünden des Menschen.«

»Auch ich bin ihrer sicher, sie kann also auch den jugendlichen Frevel verzeihen.«

»Wehe aber, wenn wir uns nur auf die Güte Gottes verlassen; Bosheit und Tugend würden dann fest umschlungen ins Paradies eintreten.«

»Ist also nach deiner Meinung, ehrwürdiger Alter, die Güte Gottes doch nicht so groß?«

Sobald ich dies ausgesprochen hatte, leuchtete in meinem Verstand der frevelhafte oder, wer weiß, vielleicht auch der dreimal heilige Gedanke auf, daß eine Zeit der vollkommenen Erlösung kommen werde, der vollkommenen Versöhnung, daß die Flammen der Hölle erlöschen und der verlorene Sohn, der Teufel, in den Himmel steigen, die Hand des Vaters küssen werde und Tränen aus seinen Augen fließen werden: »Ich habe gesündigt!« wird er rufen, und der Vater wird seine Arme ausstrecken und ihm sagen: »Willkommen, willkommen, mein Sohn; verzeih mir, daß ich dich so sehr gequält habe!«

Doch ich wagte nicht, meinen Gedanken auszusprechen, ich wählte eine Umschreibung.

»Ich habe gehört, ehrwürdiger Alter, daß ein Heiliger, ich weiß jetzt nicht mehr, wer es war, keine Ruhe im Paradiese fand. Gott hörte seine Seufzer, rief ihn zu sich: ›Was seufzt du, bist du nicht glücklich?‹ fragte er ihn. – ›Wie soll ich glücklich sein, Herr‹, antwortete der Heilige, ›da mitten im

Paradiese ein Springbrunnen ist, der weint.‹ – ›Was für ein Springbrunnen?‹ – ›Die Tränen der Verdammten.‹«

Der Asket schlug das Kreuzeszeichen, seine Hände zitterten.

»Wer bist du?« fragte er mit erlöschender Stimme, »geh hinter mich, Satan!«

Er schlug wieder dreimal das Zeichen des Kreuzes und spie in die Luft. »Geh hinter mich, Satan!« sagte er wieder. Seine Stimme war jetzt fester.

Ich berührte sein Knie, das nackt im Halbdunkel glänzte; meine Hand wurde eiskalt.

»Ehrwürdiger Alter«, sagte ich, »ich bin nicht gekommen, um dich zu versuchen. Ich bin nicht der Versucher; ich bin ein junger Mensch, der einfach glauben will, ohne zu fragen, so wie mein Großvater, der Bauer, glaubte. Ich will, doch ich kann nicht.«

»Weh dir, weh dir, Unglücklicher! Der Verstand wird dich zugrunderichten, das Ich wird dich zugrunderichten. Weißt du, wann der Erzengel Luzifer, den du verteidigst und den du retten willst, in die Hölle hinabstürzte? Als er sich an Gott wandte und sagte: ›Ich‹. Und hör zu, junger Mann, präge es dir ein: Nur eins wird in der Hölle bestraft, das Ich. Das Ich, verdammt sei es!«

Ich warf trotzig den Kopf hoch. »Mit diesem Ich sonderte sich der Mensch vom Tier ab. Verleumde es nicht, Vater Makarios.« – »Mit diesem Ich sonderte er sich von Gott ab. Zuerst war alles eins mit Gott, glücklich in seinem Schoß. Es gab kein Ich und Du und Er. Es gab nicht deins und meins, es gab nicht zwei, es gab nur eins; das Eine, der Eine. Dies ist das Paradies, von dem du hörst, und nichts anderes; von dort sind wir aufgebrochen, daran erinnert sich unsere Seele und sehnt sich nach Rückkehr; gesegnet sei der Tod. Was meinst du denn, was der Tod sei? Ein Maultier, wir setzen uns darauf und reiten hin.«

Solange er sprach, leuchtete sein Gesicht. Ein süßes, glückliches Lächeln breitete sich von seinen Lippen aus über sein ganzes Gesicht. Ich fühlte, er tauchte ins Paradies ein.

»Warum lächelst du, ehrwürdiger Alter?«

»Warum sollte ich nicht lächeln?« antwortete er mir. »Ich bin glücklich, mein Sohn; jeden Tag, jede Stunde höre ich die Hufeisen des Maultieres, höre ich den Tod sich nähern.«

Ich war die Felsen hinaufgeklettert, um bei diesem entrückten Asketen zu beichten; doch ich erkannte jetzt, es war noch zu früh. Mein Leben hatte sich noch nicht ausgetobt, ich liebte die sichtbare Welt; Luzifer erstrahlte in meinem Verstand, er war noch nicht untergegangen im alles überblendenden Glanz Gottes. Später, dachte ich, wenn ich alt bin, wenn ich mich ausgetobt habe, wenn der Luzifer sich in mir ausgetobt hat.

Ich stand auf, der Alte hob den Kopf.

»Gehst du?« fragte er. »Guten Weg. Gott mit dir.«

Und darauf, spöttisch:

»Grüß mir die Welt.«

»Grüß mir den Himmel«, entgegnete ich, »und sage Gott, wir seien nicht schuld. Er trage die Schuld, diese Welt so schön geschaffen zu haben.«

Ich blättere das vergilbte Wandertagebuch durch; nichts ist also gestorben, alles schlief in mir, und wie ist es jetzt aufgewacht, wie steigt es hervor aus den alten, halbverwischten Seiten – Klöster und Mönche und Gemälde und Meere erstehen wieder vor mir! Auch mein Freund steigt herauf aus der Erde, schön, wie er damals war in der Blüte seiner Jugend, mit seinem homerischen Lachen, mit seinen blauen Adleraugen, mit der Brust voller Lieder! Er hat den Menschen mehr gegeben, als sie aufnehmen konnten, er hat von den Menschen mehr verlangt, als sie geben konnten, und er starb einsam, traurig; es war ihm nichts anderes mehr geblieben als das bittere Lächeln seiner verwundeten stolzen Seele. Wie eine Sternschnuppe besiegte er für einen Augenblick die Finsternis und verschwand. So werden wir alle verschwinden, so wird auch die Erde verschwinden, aber das ist kein Trost; auch keine Rechtfertigung für den, der uns erschafft und tötet.

Vierzig Tage lang durchwanderten wir den Heiligen Berg, und als wir nunmehr, den Kreis schließend, am Heiligabend nach Daphne zurückkehrten, um abzufahren, erwartete uns das unerwartetste und das entscheidende Wunder: Mitten im Herzen des Winters, in einem armen Gärtchen, ein blühender Mandelbaum!

Ich ergriff den Arm meines Freundes und zeigte ihm den blühenden Baum. »Angelos«, sagte ich, »während dieser ganzen Pilgerschaft quälten unser Herz viele und vielerlei Fragen. Und jetzt, hier ist die Antwort!«

Mein Freund heftete seine blauen Augen auf den blühenden Mandelbaum. Er schlug das Kreuzeszeichen, als bete er eine heilige wundertätige Ikone an, und blieb eine Weile sprachlos. Dann sagte er langsam: »Ein Lied steigt auf meine Lippen; ein ganz kleines Lied, ein Haiku.«

Er sah wieder den Mandelbaum an: »Ich sagte zum Mandelbaum: Bruder, sprich mir von Gott. Und der Mandelbaum blühte auf.«

Nachwort

Nach bestandenem juristischem Staatsexamen zog der wissenshungrige, grüblerisch veranlagte junge Kazantzakis aus, um auf einer ausgedehnten Reise Griechenland kennenzulernen. Bis dahin kannte er nur Kreta, Attika und die Insel Naxos. Diese Reise, während der er die Gesellschaft des blauen Vogels, des Geistes, gegenständlich spürte, bezeichnet Kazantzakis selbst als »Pilgerschaft« und als »Hochzeitsreise der Seele«. Wie im Rauschzustand wandert er von Ort zu Ort, um jedesmal den innersten Kern der Landschaft aufzuspüren, Vergangenes und Gegenwärtiges als eine schicksalsbedingte und immer stärker verpflichtende Einheit zu entdecken und zu erleben. Die Begegnung mit der griechischen Landschaft war für ihn – auch in früheren und späteren Reisen – ein erregendes, beglückendes und gleichzeitig aufrüttelndes, ja beinahe schmerzliches Erlebnis.

»Alles in Griechenland, Berge, Flüsse, Meere, Ebenen sprechen zum Menschen in einer fast menschlichen Sprache«, schreibt er. »Sie drücken ihn nicht nieder, sie quälen ihn nicht; sie werden zu Freunden und Mitarbeitern.« Und an anderer Stelle: »Sicherlich hat sich auch an einer dieser Küsten, die voll Anmut und spielerischem Reiz sind, das Wunder der Wandlung des Tieres in den Menschen vollzogen ...« und »... Jede Landschaft haben die Griechen durch ihren Kampf geheiligt; sie haben sie einem hohen Begriff unterworfen, und dieser Begriff bildet nun ihren Wesenskern; sie verwandelten so durch die Schönheit und die beherrschten Leidenschaften die Natur in Metaphysik ...«

Mit beglücktem Staunen erlebt Kazantzakis das Wunder des griechischen Lichtes: »Was die Berge, die Dörfer, die Erde Griechenlands schwerelos und durchsichtig erscheinen läßt, ist das Licht. Das Licht in Italien ist weich, weiblich; das Licht Ioniens ist sehr lieblich, voll orientalischer Sehnsucht; in Ägypten ist es dickflüssig und wollüstig; das Licht in Griechenland ist voller Geist; solches Licht half dem Menschen, klar zu sehen, Ordnung in das Chaos zu bringen, es zum

Kosmos zu gestalten. Und Kosmos, Welt, heißt Harmonie ...«

Diese Harmonie sieht er nicht als ein Geschenk, als den Ausdruck eines ruhigen harmonischen Lebens im strahlenden griechischen Licht an:

»Großartige antike Einfachheit, Gleichgewicht und Ruhe waren nicht natürliche, mühelose Tugenden eines einfachen, ausgeglichenen Volkes; sie waren höchste Leistung, Beute schmerzlicher, gefährlicher Kämpfe. Etwas sehr Vielfältiges und Tragisches ist die griechische Ruhe ...«

All das Ringen nach Läuterung, all das Mühen um Aufstieg und Sieg über den dunklen Teil unseres »Ichs«, das Kazantzakis' Leben stets erfüllt und geleitet hat, glaubt er auch im Wesen und in der Gestalt der heutigen griechischen Landschaft wiederzufinden. Dem Griechen gelingt es nicht, sich ungestört dem ästhetischen Genuß, den diese unvergleichliche Landschaft vermittelt, hinzugeben, ohne verpflichtende, mahnende Stimmen aus der Erde zu vernehmen. Jeder Ort ist mit unauslöschlichen Erinnerungen verbunden: vergangener Ruhm, aber auch vergangenes Leid, viel Leid und blutige Kämpfe haften an ihm, formen, zeichnen sein Gesicht. Und Kazantzakis sieht – beinahe personifiziert – das Gesicht jedes Ortes, jeder Landschaft, jeder Insel. Der Berg Taygetos ist der harte Krieger, der strenge Mann, und die Ebene Spartas dessen Frau, ja der Begriff des Weiblichen an sich, Helena; Kreta atmet männliche Strenge aus, die Ägäischen Inseln Zärtlichkeit, Zypern wollüstige Weiblichkeit *(Kazantzakis besuchte Zypern im Jahre 1926)*. Neben der Natur aber hat die überlieferte ortseigene Mythologie den Typus jeder griechischen Landschaft geformt, die im Spiel des Lichtes zu schweben, zu wogen und sich zu verwandeln scheint: »In der Tat erscheint uns die wogende, im Lichte ewig wechselnde griechische Landschaft wie Musik, eine immer wiederkehrende Melodie, die das gleiche Motiv immerzu mit Variationen bereichert. Manchmal klettert eine Ziegenherde den Berghang hinab, und man meint, über Steine herabfließendes Wasser zu hören. Manchmal taucht ein Hirtenknabe aus dem Gebüsch auf, sonnengebräunt, erschreckt und koboldartig, mit spitzen, aufrecht stehenden Ohren und dicken Lippen. Und man spürt die starke Versuchung, die Hand in sein fettiges krauses Haar zu stecken, um die beiden kleinen Bockshörner des jungen Pan zu berühren, die mit Sicherheit dort zu finden sind. Diese Sicherheit ist einer der heimlichsten Reize der griechischen Landschaft. Man spürt, daß hier, unter diesen Platanen und Lorbeersträuchern, rings um die Quellen, in den blauen Grotten unvergänglich die gleichen liebenswerten Geister der griechischen Erde leben. Die Nymphen – heute Feen und Seejungfrauen –, die Pangeister, die Silene leben weiter an den Küsten, in den Bergen und Flüssen Griechenlands. Die Mythologie des heutigen Griechenland ist erfüllt von den anmutigen Gestalten der altgriechischen Mythologie. Denn es sind die gleichen Meere, die gleichen Berge, die gleichen Flüsse, die sie geboren haben. Und der heutige Bauer, der in einer mondbeschienen Nacht ein Tal durchstreift, empfindet den gleichen Schauder, den der uralte Vorfahr gespürt hat, und seine Phantasie läßt die gleichen Gespenster erstehen.

Nur die Namen haben sich geändert. Die Substanz ist nach Tausenden von Jahren dieselbe geblieben. Apollon wurde durch den Propheten Elias ersetzt, und auf den Berggipfeln schimmern die kleinen weißen Kirchlein, die dem Propheten geweiht sind, dessen Name dem Namen der Sonne ähnlich klingt. Pan wurde zum Heiligen Mamas und bewacht die Herden. Poseidon wurde zum Heiligen Nikolaus und regiert über das Meer. Wie oft sehen die Gläubigen auf den Ikonen des Heiligen Nikolaus aus seinen Händen Salzwasser tropfen; denn eben gerade sind sie dem Meer entstiegen, in das sie schnell hineingetaucht waren, um ein Schiff zu retten. Die Sage von Perseus, der Andromeda vom Brunnenungeheuer erlöste, wurde auf die Tat des Ritters Sankt Georg übertragen, der auch die Königstochter vom Drachen errettet. Kosmas und Damian haben die heilenden Eigenschaften der Dioskuren übernommen und der heilige Arsenios setzt die Wunder des Asklepios fort. Die Götter, die Heiligen, die Landschaftsgeister sind auch Kinder der griechischen Erde und halten auch im Laufe von Jahrtausenden eine unzerstörbare griechische Einheit aufrecht.«

Er selbst zog das Fazit des – nun nachträglich durchdachten – Erlebnisses, der Bekanntschaft mit der griechischen Landschaft und der Betrachtungen, zu denen sie ihn angeregt hatte, mit dem folgenden Text:

»Welche allgemeinen Schlüsse werden nun aus unserer Pilgerfahrt durch die griechischen Landschaften gezogen?

Diese drei:

1. Tiefe organische Korrelation zwischen der griechischen Landschaft und der griechischen Kultur; niemand kann die griechische Kultur organisch erfassen, wenn er die griechische Landschaft nicht gesehen und tief erlebt hat.

2. Unlösbare Einheit zwischen alter antiker und neuer griechischer Seele; beide entspringen aus der gleichen Erde und atmen die gleiche Luft im gleichen Licht.
3. Die historische Aufgabe der griechischen Erde, die zwischen Europa und Asien liegt. Das tragische Schicksal Griechenlands.

   Nicht nur geographisch, sondern auch seelisch ist die Lage Griechenlands zwischen Europa und Asien zu verstehen. Diese fatale Lage beeinflußte grundlegend das Schicksal Griechenlands und der Welt. Die hohen Berge, die riesigen Flüsse, die wilden Meere, die endlosen Steppen Asiens werden in Griechenland kleiner, milder und dem menschlichen Maß angepaßt . . .

   Der Orient mit seinen Sehnsüchten, seiner unmittelbaren Berührung mit der geheimnisvollen Substanz der Welt wird für Griechenland immer das warme, dunkle, reiche Unterbewußtsein bedeuten. Die Aufgabe des griechischen Geistes ist es, dieses ans Licht zu heben und in Bewußtsein zu verwandeln. Der Orient ist das Endlose, Formlose, Fließende; Griechenland eine feste Kraft, die dem formlosen Chaos Gestalt verleiht.«

Doch als Europäer, der Kazantzakis trotz allem ist, kann er sich von seiner Zeit und von Europa nicht lossagen. Die lebendige Gegenwart, die Entwicklung des Westens, die neue Lebensform, die neue Denkweise zwingen ihn zu der Erkenntnis:

»Die Kultur des Westens stellt eine erstaunliche Leistung des heutigen Menschen dar. Sie gehört unserer Zeit an, ist Fleisch von unserem Fleisch; ob wir wollen oder nicht, hat sie uns erfaßt, unser Schicksal ist mit dem ihrigen identisch. Wir essen, kleiden uns , wohnen, handeln, denken unter ihrer zwingenden Gegenwart. Wir können ihren Klauen nicht entgehen. Keine Nation kann dem entgehen. Und diejenige, die es versuchen würde, wäre verloren. Sie würde von den anderen Nationen aufgefressen werden. Heute hat die Welt zum ersten Male die Einheit der Geschichte erlangt. Wir leben in der industriellen Kultur unserer Zeit, die weder mit der klassischen Zeit der Schönheit noch mit den orientalischen, heute explosiven Sehnsüchten das geringste zu tun hat . . .«

Griechenland aber bleibt für ihn das große Vermächtnis, so kommt er noch einmal zum Thema seiner Reise, seiner Pilgerfahrt durch Hellas zurück und schließt mit den Worten:

»Bei unserer Wanderung durch die griechische Landschaft haben wir mit Stolz die Schönheit dieses Landes bewundert, haben gespürt, wie eng, wie natürlich die griechische Erde mit der griechischen Kunst und dem griechischen Denken, den griechischen Göttern und Mythen verbunden ist und haben mit Freude ihre jahrtausendealte seelische Einheit festgestellt.«

Die Auswahl der Texte dieses Buches wurde aus ins Deutsche übersetzten und auch noch nicht übersetzten Büchern und aus fast unbekannten, ins Deutsche noch nicht übertragenen Aufsätzen vorgenommen, die uns Frau Helene Kazantzakis anvertraute (von einem Aufsatz war nur noch das vom Autor handgeschriebene Exemplar vorhanden). Obwohl die Texte der niedergeschriebenen Erlebnisse aus verschiedenen Zeiten stammen, ist eine erstaunliche Einheit in den Betrachtungen und Ansichten des Dichters darin festzustellen. Es ist wie ein angefangenes Gespräch, das der Autor trotz Unterbrechung im gleichen Geiste fortsetzt.

Wir sind Frau Helene Kazantzakis, der verehrten Lebensgefährtin des Dichters, für die Überlassung dieser Aufsätze zu großem Dank verpflichtet.

Ein Programm literarischer Kostbarkeiten

Heyne Ex Libris

Asiatische Weisheiten
19 / DM 5,80

Casanova in Bildern
20 / DM 8,80

Das kleine
Th. Th. Heine-Buch
21 / DM 7,80

Rudolf Hans Bartsch
Mozarts Faschingsoper
22 / DM 8,80

Die schönsten
Liebesbriefe
der Weltliteratur
23 / DM 7,80

Hans Hömberg
Die Kunst des Genießens
24 / DM 7,80

Weisheit der Pointe
25 / DM 6,80

Otto Ernst
Appelschnut
26 / DM 7,80

Das kleine Ferdinand
von Recnizek-Buch
27 / DM 7,80

A. J. Cronin
Die Frau des Wirts
Eine Weihnachtsgeschichte
28 / DM 6,80

Aphorismen der Liebe
29 / DM 7,80

An der Quelle
saß der Knabe
30 / DM 7,80

Grimm/Slevogt
Kinder- und
Hausmärchen
31 / DM 8,80

Felix Braun
Der Tausendjährige
Rosenstrauch
32 / DM 12,80

George Grosz
Über alles die Liebe
33 / DM 5,80

Klassische Aphorismen
34 / DM 6,80

Frank Wedekind
Ich hab meine
Tante geschlachtet
Lautenlieder und
»Simplicissimus«-
Gedichte
35 / DM 10,80